生态移民社区治理研究

——以贵州省D村为例

王著　著

中国社会出版社
国家一级出版社·全国百佳图书出版单位

图书在版编目（CIP）数据

生态移民社区治理研究 ：以贵州省 D 村为例 / 王著著 . -- 北京：中国社会出版社，2022.11
ISBN 978-7-5087-6116-9

Ⅰ . ①生… Ⅱ . ①王… Ⅲ . ①移民－社区管理－研究－贵州 Ⅳ . ① D669.3

中国版本图书馆 CIP 数据核字 (2022) 第 123206 号

出 版 人：浦善新
终 审 人：李新涛
责任编辑：陈 琛
责任校对：张 迟
封面设计：时 捷

出版发行：中国社会出版社
地 址：北京市西城区二龙路甲 33 号
邮政编码：100032
编 辑 部：(010)58124835
网 址：shcbs.mca.gov.cn
发 行 部：(010)58124864；58124848
经 销：新华书店

印刷装订：北京华创印务有限公司
开 本：170 mm×240 mm 1/16
印 张：12.5
字 数：170 千字
版 次：2022 年 11 月第 1 版
印 次：2022 年 11 月第 1 次印刷
定 价：55.00 元

中国社会出版社微信公众号

中国社会出版社天猫旗舰店

目　录

导　论

一、研究缘由及意义

（一）研究缘由

中国生态移民肇始于20世纪末。为从根本上解决生态环境脆弱、生存条件恶劣、“一方水土养不起一方人”地区的脱贫问题，实现全面建成小康社会目标，“十三五”时期，国家规划对1628万农村人口实施搬迁，其中建档立卡贫困人口981万。贵州是我国贫困人口最多、贫困程度最深的欠发达省份，贫困问题和生态问题相互交织。2001年至2015年，通过易地扶贫搬迁[①]试点、实施扶贫生态移民工程，完成了104.4万农村贫困人口搬迁。根据国家新一轮易地扶贫搬迁的决策部署，贵州省立足实际，聚焦14个深度贫困县、20个极贫乡镇、2760个深度贫困村，精准锁定搬迁人口数据，规划了188万农村人口的搬迁任务，其中建档立卡贫困人口150万，占全国贫困人口搬迁的15.3%，是全国贫困人口搬迁最多、规模最大的省份。截至2019年6月底，贵州省完成易地扶贫搬迁任务。到

① 生态移民的概念多运用于学术领域的研究和讨论，具体政策实施领域，主要指“易地扶贫搬迁”。2001年原国家计委针对扶贫工作新形势，结合西部大开发战略，利用国债资金在西部地区开展易地扶贫搬迁试点工作。2006年，国家发改委颁布《易地扶贫搬迁“十一五”规划》，明确指出：“易地扶贫搬迁，亦称生态移民，是党和政府在新时期探索实施的一项重要扶贫举措，通过对生活在不适宜人类生存地区的贫困人口实施搬迁，达到消除贫困和改善生态的双重目标。”

2020年，全国脱贫攻坚目标也顺利完成，开始转入全面巩固脱贫攻坚成果和乡村振兴新阶段。

经过多年建设，贵州生态移民社区初具规模，移民群众生产生活条件明显改善，人均收入显著提高，迁出区人地矛盾大大缓解，产业结构得到优化和调整，生态环境逐步得到良好的保护和恢复。笔者曾于2013年9月至2015年3月期间，由中共贵阳市委组织部派往X县Z镇挂职锻炼，开展贵州省第三批“部门帮乡、支部结对、干部驻村”工作，指导和帮助生态移民社区建设。在工作中以及随后多年调研发现，移民生产生活方式的变迁引发了原有乡村生活习惯的流变，社会交换关系分化消解了传统村庄的“差序格局”，生计空间改变使移民对未来生活充满了焦虑。随着移民安居新的社区，基本生产生活、就业服务、医疗卫生、养老保障等问题接踵而至。传统村庄的内生秩序被削弱，而移民社区秩序还处于生长阶段，社区内利益分散、多元且复杂，加剧了社区秩序的无序化。内生秩序式微客观上弱化了村自治组织，乡镇政府为治理社区无序状态加强与村自治组织的合作，村自治组织出于重构原村庄权威，与乡镇政府共同形塑移民社区的外生秩序，成为乡镇政府的派出机构，“悬浮”于社区之上。可以说，生态移民社区治理问题面临着巨大的压力和挑战。

当前，理论界关于社区治理研究的学术成果可谓汗牛充栋，一方面是乡村社区治理研究，另一方面是城市社区治理研究，然而，对于生态移民社区治理的研究，却是一个崭新的议题。它既不属于乡村社区治理研究的范围，也不属于城市社区治理研究的范围，而是介于乡村与城市之间的新型城乡社区形态的治理范畴。与之相似的研究中，有学者考察了传统村庄社区向“超级村庄”转型的过程，认为“超级村庄”的出现是乡村工业化和城镇化过程中村庄的特殊存在方式，它不同于传统意义上的乡，也不同于现代意义上的城，而表现出诸多中间性的特征：既是自治性的民间社会，又执行着“准政府”的各种职能；既是工业化的社区，又保留着乡土社会的某些生活秩序，表现出非城非乡又亦城亦乡的特点①。也有学者把中国农村近30年的变迁放在村庄与市场、与国家、与城市社会三大关系转变中加以考察，认为“村庄正在经历从农业共同体到城乡社区衔接带之弱质自治社区的大转型”。② 基于此，笔者将生态移民社区类似于上述学者的界定，定位于一种新型城乡社区，将生态移民社区的治理研究作为新型城乡社区治理来展开。

在此类研究中，学界普遍将社区分为“传统农村社区、城乡接合部社区、城中村社区、老居民社区、新型住宅小区以及单位社区等”③ 进行研究，分析和探索各类型城乡社区的治理困境和治理路径。不同的是，生态移民社区与这些社区之间具有明显的区别，从时间维度上看，生态移民社区的生成具有骤然性，是在政府主导下骤然生成的新的社区类型，而不是在一定区域内本来就已经存在的社区；从空间维度上看，生态移民社区是从农村到城市（镇）的转移，而不仅仅是农村社区的转型，其生产、生活、交往等空间和方式的流动突变性特征更加明显。

中华人民共和国成立以来，城乡二元体制固化了城乡二元结构，随着国家城乡体制改革并逐步推进统筹城乡一体化发展，社会经济要素交互重组，城乡人口流动加快，城镇化建设进一步加速。在城乡转型过程中，城市出现资源短缺、交通拥堵、人口膨胀、环境污染、秩序混乱等“城市病”，乡村出现精英流失、资源浪费、人口过疏、土地荒芜等乡村“空心化”现象。这一度成为学界普遍关注的焦点。但据笔者观察，近年来，随着乡村振兴战略的实施，国家政策开始向农村地区倾斜和转移，持续深化农村集体产权制度、农业经营制度、农产品支持保护制度、新农村社会治

① 折晓叶，陈婴婴．超级村庄的基本特征及“中间”形态［J］．社会学研究，1997（06）：37-45.

② 毛丹．村庄的大转型［J］．浙江社会科学，2008（10）：2-13，125.

③ 封玫，邱国良．城乡社区的共性逻辑与治理路径——基于四类社区的比较研究［J］．江西师范大学学报（哲学社会科学版），2016，49（06）：111-114.

理制度等综合性配套改革，当前的农村已经发生了翻天覆地的变化。城乡差距缩小、就业渠道增多，一系列惠农政策增加了农民发展机会，他们不再完全迫于生计拥入城市，他们不再放弃作为农民的身份。同样，生态移民后，移民不愿意转为城市户口，不愿意放弃农业生产，形成了在原村庄和新社区之间生产生活的杂糅空间。由此，也形成了两个异质空间的秩序：一是返回原村庄生产的秩序，在治理过程中，以正式国家和行政制度为前提的外部力量嵌入原村庄秩序，引发了原村庄传统的自发性保护，导致国家规制与乡村秩序的抵牾；二是居住在新社区生活的秩序，在治理过程中，以传统乡规民约为特征的村庄内部力量嵌入重构后的社区秩序，受到社区外生秩序的排斥，引起传统礼治秩序与现代法理秩序的不协调。通过这两个秩序，指向一个核心问题：生态移民社区治理在城乡秩序中的失衡。

基于此，笔者认为加强生态移民社区这种新型城乡社区的治理研究是有必要的，不仅可以丰富新型城乡社区的类型学研究，而且可以进一步完善除乡村社区治理和城市社区治理以外的另一种治理论域，为生态移民社区建设的“后半篇文章”提供借鉴，从而丰富国家治理体系和治理能力现代化的内涵。

（二）研究意义

社区是社会治理的基本单元，社区治理是理论研究和社会关注的热点与焦点之一，是推进国家治理体系和治理能力现代化的重要组成部分。本研究在前人研究成果的基础上，以 D 村生态移民搬迁后的社区为研究对象，分析生态移民社区的秩序生成和治理困境，既揭示了这种新型社区的秩序问题，又回应了这类新型社区的治理问题，将社区秩序与治理这两大主题纳入国家治理体系和治理能力现代化语境中，不仅仅是对生态移民社区秩序现实图景的关切，更是赋予这类新型社区治理研究的新价值使命和更具时代内涵的理论张力。

1. 理论意义

本研究在生态移民理论、城乡社区分类、社区治理研究等方面具有一定的学术价值。

（1）拓展了生态移民理论研究内容。国内学者对生态移民理论研究主要集中在战略实施、政策执行、文化变迁、效益评价、可持续发展等方面，对生态移民社区的治理问题还缺乏足够的关注，尚未开展系统性的研究。本研究从原村庄内生秩序和新社区外生秩序存在的问题入手，考察生态移民社区治理困境，提出“互嵌共治”模式并建构城乡共生秩序，进一步拓展了生态移民理论研究内容。

（2）丰富了传统城乡社区类型学分类类型。生态移民社区既不同于传统村庄的农村社区，也不同于现代城中村和城郊村城市化的城市社区，社区类型表现为非城非乡又亦城亦乡的特点，存在典型的“二元聚合”性，社会经济结构呈现“农工融合”明显的特征，按照传统城乡社区地域特征的分类标准，生态移民社区是一种新型城乡社区。

（3）完善了社区治理研究主题。本研究将生态移民社区作为新型的城乡社区形态，进一步拓展了除传统乡村社区治理和现代城市社区治理之外的另一种治理论域。国内外学者对社区治理研究主要从国家政权建设、多中心治理、社区共同体、制度变迁等视域来展开研究，笔者则选取了空间秩序作为切入点，通过对原村庄内生秩序和新社区外生秩序的考察来研究社区治理问题，在一定意义上更加丰富和完善了现代社区治理的研究主题。

2. 现实意义

本研究对基层地方政府推进社区治理实践具有一定的参考价值和启发意义。

（1）“互嵌共治”治理路径为新型城乡社区治理提供了可能的解决方

案。生态移民出于生存动机、生存能力、发展机会、价值理性、规则制度等，在原村庄与新社区之间来回摆动，形成了“居而不定”的杂糅的生产生活空间，使社区治理陷入“外嵌内治”“内嵌外治”的治理困境，公共服务传递在原村庄与新社区之间受到阻滞。“互嵌共治”是针对上述治理困境，在遵循对称性治理理念、互惠性治理理路、共治性治理格局的基础上提出的治理路径，为社区治理实现社区的公序良俗提供了可能的解决方案。

（2）“五位一体”共生秩序为统筹城乡社区治理提供了理论支撑。针对原村庄内生秩序和新社区外生秩序运转不良给社区治理带来的困境，从政治、经济、文化、社会、生态五个方面构建了共生秩序，这是国家“五位一体”总体布局在社区治理领域的理论应用，为社区治理实践搭建了结构性框架。“五位一体”共生秩序是对社区治理秩序的概括和总结，是对社区治理实践活动、实践经验和实践成果的反思和纠偏。实践离不开理论指导，理论指导反作用于实践活动，生态移民社区共生秩序的建构对社区治理实践具有理论指导作用。

二、研究现状与简要评价

从国内外研究现状看，“生态移民”是中国语境本土化概念，与之相关的研究国外学者用“环境移民”来表达，“生态移民”与“环境移民”这两个概念虽有相通之处，但也存在差异，国外“环境移民”研究主要是针对我国实施生态移民政策的研究。国内有关“生态移民”的研究成果虽然较为丰富，但对生态移民社区的关注以及生态移民社区治理的研究还很缺乏。

（一）国外研究现状

一些国外学者对“生态移民”和“环境移民”有着不同的认识。因为

"生态移民"除了环境因素导致人口迁移外还包含有政治（政府强制性行为）、经济（贫困）等其他方面影响人口迁移的因素。Justin Lyle 等人认为生态移民是一种特殊的移民类型，有广义和狭义之分。就广义而言，是指由于生态环境和其他因素共同作用而出现的人口迁移现象；从狭义上来说，生态移民特指为了保护、修复具有特殊价值的生态区域系统的移民①。

较早对我国生态移民进行比较深入和系统研究的主要是日本学者。2004 年 7 月，中国社会科学院民族学和人类学研究所与日本综合地球环境学研究所在北京举办"生态移民：实践与经验"国际研讨会，会议主要探讨了中国黑河流域水资源问题，中日学者对我国政府实施"生态移民"这一环境政策进行了具有争辩意识的学术讨论。与会者认为，就生态移民的理论问题，虽然存在不同的意见，但对于建立起生态移民政策的事先评估机制以及长远的评价体系是非常必要的。通过探讨不同地区、不同类型生态移民的经验和教训，对我国环境政策制定、移民生计发展等方面都具有重要意义。会后，日本学者小长谷有纪、儿玉香菜子、中尾正义、中村知子等人的相关研究成果被收录于由新吉乐图主编的《生态移民：来自中、日两国学者对中国生态环境的考察》一书并出版。此后，2005 年 9 月，又继续举办了第二届"生态移民与环境影响评估"国际研讨会，会议分为生态移民政策与地方实践、移民村庄与文化变迁、生态移民与扶贫、退耕还林还草与环境影响、环境评估与管理五个主题，就生态移民与环境影响的研究和评估进行了深入的探讨和交流。2007 年 10 月在"自然环境与民俗地理学"中日国际研讨会上，专设"区域环境与生态移民"分主题，对我国生态移民政策的组织、实施、效果等进行了全面的讨论和总结。

① Justin Lyle. Resettlement of Ecological Migrants in Georgia: Recent Developments and Trends in Policy, Implementation, and Perceptions. Flensburg: The European Centre for Minority Issues (ECMI) Working Paper, No. 53, 2012; Kai Schmidt-Soltau. Conservation-Related Related Resettlement in Central Africa: Environmental and Social Risks. Development and Change, Vol. 34, No. 3, 2003; Du Fachun. Grain for Green and Poverty Alleviation: The Policy and Practice of Ecological Migration in China. Horizons Policy Research Initiative Canada. Vol. 9, No. 2, 2006.

2009年7月，国际人类学民族学联合会第十六届世界大会在昆明召开，此次大会以“人类、发展与文化多样性”为主题，英国Dawn Chatty教授分享了题为“为保护自然而失去了土地和家园：21世纪传统土著游牧民族”的研究成果。这届大会还由中国学者杜发春和美国教授Julia A. Klein共同组织了“生态移民国际论坛：地方参与和政策导向”的分论坛，其中有20篇生态移民研究论文参与了交流。2014年12月，“中国西部地区减贫与经济发展”国际学术研讨会在云南农业大学举办，各国专家围绕“农村减贫中的社会性别因素”“贫困发生机制及其原因”“农牧区土地利用与社区发展”“发展主体性、牧民定居与生态移民”“云南民族地区减贫研究”“青海三江源地区减贫研究”六个专题展开讨论，Juliet Elu教授还对北京大学李文军教授的“游牧民定居：无法回避的资源约束”的主旨发言进行了评议。

从这些已有的研究成果看，主要从生态角度、经济角度和文化角度等方面对我国的生态移民政策进行了思考和总结，比如生态移民引起的地下水资源危机问题、生态移民导致的新的草原开垦问题、生态移民与文化环境的“破碎化”问题等。但大多数国外学者对我国实施的生态移民政策保持着谨慎的态度。小长谷有纪认为，生态移居后，移民会失去现有的生活方式，在身体健康、能够维持目前生活水平的前提下，没有人会力主移居。中尾正义也表示，如果不深入考虑文化问题的话，由于生态移民而产生的水资源问题以及地球环境问题都不能从根本上得到解决①。

（二）国内研究现状

国内有关生态移民的研究成果较为丰富，但对生态移民社区的研究却并不多见，特别是针对生态移民社区治理的研究文献更是屈指可数。笔者

① 新吉乐图．生态移民：来自中、日两国学者对中国生态环境的考察［M］．呼和浩特：内蒙古大学出版社．2005：87.

以“生态移民社区”为检索词，分别在中国知网、万方数据、国家图书馆以题名进行检索，中国知网检索到 40 篇，万方数据检索到 52 篇，国家图书馆检索到 61 篇（部），剔除掉重复文献，实际有效文献 46 篇（部）。以“生态移民社区治理”为检索词进行题名检索，中国知网 4 篇，万方数据 6 篇，国家图书馆 14 篇（部），剔除掉重复文献，实际有效文献仅 7 篇（部）。基于以上检索结果和对这些文献进行全面深入阅读，并梳理出与生态移民社区治理相关的理论研究成果进行综述。

生态移民是一项复杂的国家治理工程项目，通过将生态脆弱区、生态恶化区或濒临恶化区的人口迁移到资源条件相对较好的区域，这本身就是一个社会重建、文化重组、产业重构的过程。生态移民者离乡弃土，从游牧、农耕、狩猎、渔业、采集业等“靠山吃山、靠水吃水”的原始生产生活走向现代化生产，从刀耕火种的散居走进城镇聚居生活，从分散杂居到集中聚居，原始生产生活及村社治理秩序正逐渐瓦解并形成新的生产生活体系，原有的人缘、地缘、业缘等社会关系正逐步消逝并形成新的社会交往网络，原有的民俗、民风、民情等乡土文化特质正快速消失而被现代城镇文化均质的大同形态所取代。这些变化、转型都不同程度地导致了生态移民社区环境、社会、经济和文化发生巨变，影响到移民的社会适应性。这些文献主要包括：李培林、王晓毅的《生态移民与发展转型：宁夏移民与扶贫研究》①、王永平等的《生态移民与少数民族传统生产生活方式的转型研究：基于贵州世居少数民族生态移民的调研》②、达瓦次仁的《藏区生态移民与生产生活转型研究：西藏日喀则市生态移民案例研究报告》③、马

① 李培林，王晓毅．生态移民与发展转型：宁夏移民与扶贫研究［M］．北京：社会科学文献出版社，2013.

② 王永平，等．生态移民与少数民族传统生产生活方式的转型研究：基于贵州世居少数民族生态移民的调研［M］．北京：科学出版社，2014.

③ 达瓦次仁．藏区生态移民与生产生活转型研究：西藏日喀则市生态移民案例研究报告［M］．北京：社会科学文献出版社，2015.

伟华的《生态移民与文化调适：西北回族地区吊庄移民的社会文化适应研究》①、束锡红的《生存与发展：宁夏红寺堡区大河村生态移民经济社会变迁考察》②、张建军的《塔里木河流域维吾尔族生态移民生产生活方式的转型研究》③、韦仁忠的《高原城市的陌生人：三江源生态移民的文化调适和社会资本重建》④、付海鸿的《三江源生态移民的文化变迁与身份认同研究：以格尔木昆仑民族文化村为例》⑤、乌静的《牧区生态移民的生活变迁研究》⑥ 等。

中国生态移民的政策实践为改善原住地区的生态环境和原住民的生活质量发挥了积极作用，但由于生态移民行动的复杂性，地方政府在主导政策实施的过程中，还面临诸多挑战，一些研究从批判性的角度进行了反思。有学者指出政府对边缘少数族群强制的生活方式改造蕴含了总体历史观的预设，“简单化”的“一刀切”忽略了人的感情世界和价值体系的复杂性，同时对“地方性知识”的漠视体现了规划者的“乌托邦”设想，脱离了“规划对象”的主体性⑦。“现在面对的移民不同于传统的移民，首先是国家高强度地介入移民，移民不再是一个自然的过程，而是国家规划的结果；其次，国家推动的移民不再是对自然的一个适应过程，而是一个人

① 马伟华．生态移民与文化调适：西北回族地区吊庄移民的社会文化适应研究［M］．北京：民族出版社，2011.

② 束锡红．生存与发展：宁夏红寺堡区大河村生态移民经济社会变迁考察［M］．银川：阳光出版社，2014.

③ 张建军．塔里木河流域维吾尔族生态移民生产生活方式的转型研究［M］．乌鲁木齐：新疆生产建设兵团出版社，2015.

④ 韦仁忠．高原城市的陌生人：三江源生态移民的文化调适和社会资本重建［M］．北京：中国社会科学出版社，2016.

⑤ 付海鸿．三江源生态移民的文化变迁与身份认同研究：以格尔木昆仑民族文化村为例［M］．北京：中国社会科学出版社，2017.

⑥ 乌静．牧区生态移民的生活变迁研究［M］．北京：中国政法大学出版社，2018.

⑦ 谢元媛．生态移民政策与地方政府实践：以敖鲁古雅鄂温克生态移民为例［M］．北京：北京大学出版社，2010：171.

为的发展过程。在移民的背后所充斥的是有关发展和现代化的单向度价值判断。”① 还有学者通过对内蒙古一个生态移民村的考察，探讨了在新的生态治理的时代中草原和草原人的命运问题，认为“国家生态治理行动预设了牧民对草原生态的破坏和负担，将生态移民作为保护草原的根本途径剥离了当地人与草原之间的共生关系”。②

生态移民社区不是简单的物理空间位移，而是从传统村庄到集中安置新区，以及生产生活方式、社会组织结构和社会习俗习惯等，都存在明显的差异和变化，在整个生态移民搬迁过程中，从一元到多元、从静态到动态、从封闭到开放等各种要素、各种利益问题和矛盾相互交织，使得生态移民社区成为一个利益诉求多元化和碎片化的新型社区。面对新的环境、新的问题，社区建设困难重重，“存在移民社区规模设置不合理、组织建设滞后、服务设施不配套、建设资金不足以及社区建设人才匮乏”③ 等问题。“一方面在于移民户自身文化素质的限制，使他们并不能真正理解需要他们决定的社区公共事务；另一方面，由于移民搬迁后，发展适宜的经济产业是当务之急，地方政府和组织者往往把主要精力集中在对移民扶贫和发展经济上，对移民户参与社区政治投入的精力较少，甚至应付了事。”④

“社区是社会化的另一个重要力量，它为其成员准备好了价值、规范和法律，生活在社区中的人必须按规定行事。”⑤ 传统村庄有着千百年来约定俗成的道德规范，也有现代意义的村规民约，而在新建的生态移民社

---

① 王晓毅．生态移民：一个复杂的故事——读谢元媛《生态移民政策与地方政府实践》［J］．开放时代，2011（2）：154-158.

② 荀丽丽．“失序”的自然—— 一个草原社区的生态、权力与道德［D］．中央民族大学，2009.

③ 高静，王文棣．宁夏红寺堡生态移民社区建设问题研究［J］．山西农业大学学报（社会科学版），2014，13（03）：277-281.

④ 鲁建杰，马凯，邰秀军．民族文化、村务协商响应与社区治理——基于宁夏10个生态移民村的调查［J］．甘肃理论学刊，2019（01）：101-109.

⑤ 埃弗里特·M. 罗吉思，拉伯尔·J. 伯德格．乡村社会变迁［M］．王晓毅，王地宁，译．杭州：浙江人民出版社，1988：53.

区，原有的村庄文化正面临解构而新的规制又尚未完全建立，移民社区的秩序处于一个杂糅的社会空间，一些学者也在研究中指出了生态移民社区文化重建对于社区治理的重要性。提出通过仪式的功能发挥，重建少数民族生态移民社区文化生态的治理路径。“仪式是连接传统社会内部关系的重要纽带，它是由传统发展而来，是一种人们普遍接受的行为方式，可以帮助人们互相理解。仪式本身具有再生产和再塑造的特征，在各类仪式活动中重申道德秩序的合理性与合法性，以及通过集体的参与可以促进生态移民社区的认同与团结。仪式可以让个人的失落与不满游戏化，成为情感表达的渠道，化解矛盾。”① 也有学者提出，各族群文化在其中混杂融合，移民社区可以成为一个经过混杂与融合却没有同质化、兼具异质性和杂合性的文化共同体。“政府也好，社会也好，无论来自哪个文化群体、拥有怎样的社会权力，都应该有意识地尊重来自不同族群移民的自我身份认同，平等宽容地对待异质性生存方式和价值选择，既不要将某个族群文化的独特性用一种‘刻板印象’加以限定，也不要试图将自己所认为‘先进’的东西强加于人，应该允许并给予一定的时间和空间让各个族群的移民更从容地做出他认为恰当的生计选择和文化认同，同时更应该允许每个社区成员或者族群发生他们自己想要的那种改变，选择应该是移民们自主做出的。”②

移民对美好生活的需要纷繁复杂，不仅仅是物质文化生活提高的追求，而且在民主、法治、公平、正义、安全、环境等方面的需要也日益增长，这些新的需要在新的环境中容易引起新的社会矛盾，给移民新区带来治理压力。决胜全面小康社会需要建立国家治理体系、实现治理能力现代化，建立共建共治共享的社会治理格局。生态移民社区治理是一项系统的

① 杨未．构建少数民族生态移民社区的“杂糅空间”［J］．贵州社会科学，2015（04）：74-78.

② 戴庆中．混杂与融合：少数民族生态移民社区文化重建图景研究［J］．贵州社会科学，2013（12）：138-143.

社会工程，社区建设的每个阶段都至关重要。“移民前应该要有科学的移民社区规划，移民中要提供系统的社区服务供给，移民后要形成有效的社会治理格局。生态移民后的社区治理需要形成政府负责、社会协同和移民自身参与等多元‘共治’的局面。”① 针对生态移民社区治理的“内卷化”问题，有学者认为：“要构建顶层设计与社会治理创新相结合的治理模式、政策动力与内在潜力相结合的治理模式、社区共同价值与培养居民成长相结合的治理模式。”② “要解决好移民新区的社会建设问题，必须放宽眼界，从开阔而长远的战略发展视野来理性审视。积极转变政府职能，明确政府社会管理创新的责任和使命；逐步完善网格化社会管理模式，构建城乡社会管理创新联动机制；培育和发展社会组织，探索建立多中心治理结构等治理路径。”③ 也有学者强调，“当前应着力解决好统一思想认识、统筹规划城乡发展、宗教需求与宗教管理、移民的主体地位与政府帮扶之间的关系，使生态移民工程建设和社会管理健康、有序、可持续发展。”④

（三）简要评价

综观国内外学者对生态移民社区治理的研究，可以归纳为以下几个方面：

对于生态移民社区治理研究不够系统。生态移民是一项复杂的国家治理工程，涉及政治、经济、文化、教育、法律、自然地理、农业科学以及环境科学等，学者主要集中在对生态移民区地理环境与生态多样的揭示、

① 王伯承．西南民族地区生态移民的社区规划、服务与治理［J］．贵州民族研究，2018，39（03）：41-45.

② 杨桂兰．生态移民社区治理的“内卷化”及路径选择［J］．农村经济与科技，2017，28（16）：192-195.

③ 魏向前．论生态移民社区社会管理创新面临的困境及出路［J］．湖北行政学院学报，2014（04）：36-39.

④ 李保平．宁夏生态移民社区建设与创新社会管理研究［J］．宁夏师范学院学报，2013，34（02）：117-123.

对移民生产方式转型及后续产业发展的思考、对民族民居传统文化保护和生态移民的教育培训、对生态移民实施效果与政策措施的考察等。总体而言，研究多集中于移民前和移民过程中存在的问题探讨，而对生态移民后期关注较少，特别是对移民搬入新聚居社区及其群族社会关系研究、移民社区秩序形成与社区治理研究等方面还非常欠缺。

对于生态移民社区治理研究视角呈现多元化。国内外学者基于自身的知识背景和研究领域选择不同的研究角度对生态移民现象进行了有限揭示，其研究视角可以分为三个：一是从生态角度考察，研究深山区、石山区、岩溶区、农牧区、沙化区等为地域特征的生态恢复的效益分析；二是从经济角度考察，研究移民的贫困化机制和产业转换、迁出区的产业发展与经济结构调整等；三是从文化角度考察，研究国家对游牧、猎狩、少数民族等传统文化的引导保护和均质，研究国家与移民对自然生态的认知差异等。从研究视角而言，围绕生态移民主体及其关系研究的视角并不多见，缺少作为地方政府实施主体与移民参与主体的行动研究。

对于生态移民社区治理研究方法较为简单。已有的生态移民社区治理研究以个案研究为主，通过社会调查运用定量或定性的方法，具体研究方式采用参与观察和深度访谈，对生态移民迁出地和迁入地的社会关系、生产结构、资源环境以及满意度测评等进行揭示。从整体上来说，生态移民社区治理研究更倾向于微观的研究，对宏观上的定性分析略显不足。要对生态移民社区治理课题进行全面而系统的研究，不仅需要微观上具体材料的支撑，也需要从宏观上提炼理论性的价值分析，综合运用各种研究方法从微观和宏观两方面对生态移民社区治理存在的问题进行剖析和把握，生态移民社区治理研究才更具广度和深度。

对于生态移民社区治理研究的观点存在分殊。从国内外学者对生态移民社区治理的描述与揭示来看，主要形成了两种截然不同的观点。一种是发展主义，认为要实现国家的宏伟战略，需要对生态移民区的落后生产体系进行改造，以现代化的生产方式走可持续性发展道路。另一种是保守主义，认为国家实施的生态移民政策是激进的现代化行为，对传统文化和秩序造成了一定的“破坏”，生态移民应该尊重自然选择和自由权利。这两种观点在保护和恢复生态、保障生态恶化地区居民的生存和发展权、共建人类命运共同体、全面建成小康社会“一个都不能少”等理念上有不同认识。其实，生态移民社区治理本身体现的是一种发展状态与传统状态的综合体，用弗雷德·里格斯的术语可以解释为“棱柱”形态。移民的生态环境和生存现状都需要发展机会，而我们寻求的第三方道路是如何实现和构建生态移民社区的共生秩序，使生态移民社区治理与发展机会形成最优耦合，从而保障生态移民迁出、定居、发展等目标的实现。

（四）本书的研究空间

生态移民社区治理作为基层社区治理的重要内容，是国家治理体系和治理能力现代化的重要组成部分，引起广大学者的普遍关注并开展学术研究。综观近十年来的研究成果，充分展示了学者们的不懈努力，虽然学术研究成果较多，但高质量的成果相对欠缺，且研究视角、研究方法、研究内容都存在一定的局限性，尚未能形成一套成熟的生态移民社区治理理论体系。鉴于此，针对现有生态移民社区治理研究仍存在的诸多缺憾和遗漏，笔者试图在以下几个方面有所突破：

第一，在研究视角上，既有研究主要集中在生态地理学、区域经济学和文化社会学三个学科视角上，事实上，生态移民社区治理研究涉及政治、经济、文化、社会、生态等诸多领域。生态学是最具有包容性的学科，已经形成了生态政治学、生态经济学、生态文化学、生态社会学等分支学科，揭示生态系统与政治系统、经济系统、文化系统、社会系统等所构成的复杂结构、功能、行动及其关系。党的十八大对新时代统筹推进“五位一体”总体布局作了全面部署，生态移民社区治理应该在“五位一体”总体布局下推进国家治理体系和治理能力现代化。笔者沿此思路，综合“自上而下”政策建构主义范式和“自下而上”底层结构主义逻辑的研究进路，通过对政府行动“向下看”的反思和对移民行动“向上看”的分析，考察了生态移民社区不同场域的秩序和治理问题，试图建构生态移民社区“五位一体”共生秩序理论框架。

第二，在研究方法上，将“行动研究法”引入生态移民社区治理研究。20世纪40年代，行动研究在美国兴起，并迅速应用于教育学领域，近些年在国内也得到推崇，将行动研究作为一种诊断特定情境问题的手段广泛应用于教育、医疗等行业领域的研究。行动研究指“由社会情境（教育情境）的参与者，为提高对所从事的社会或教育实践的理性认识，为加深对实践活动及其依赖背景的理解所进行的反思研究”①。行动研究可以归纳为三种类型：行动者用科学的方法对自己的行动进行研究；行动者为解决自己实践中的问题而进行的研究；行动者对自己的实践进行批判性反思。笔者基于挂职经历及持续跟踪调查，对生态移民社区治理过程中出现的问题和困难，有深刻的体会和感受，认为行动研究法适宜于开展对生态移民社区治理实践的研究。

第三，在研究内容上，立足于移民在原村庄和新社区两个异质空间的生产生活轨迹，分析了原村庄内生秩序（“自下而上”底层结构主义逻辑）和新社区外生秩序（“自上而下”政策建构主义范式），分别概括和总结出“外嵌内治”和“内嵌外治”两种治理困境类型，认为出现这两种治理困境的根本原因在于，基层政府没有将原村庄和新社区作为移民发展的共生空间、对原村庄和新社区实行分策而治，使公共服务传递在原村庄与新社区之间受到阻滞，最终导致“外嵌内治”和“内嵌外治”的治理困境，进而提出“互嵌共治”治理路径。

---

① 申继亮．教学反思与行动研究［M］．北京：北京师范大学出版社，2006：3. 参见S. 凯米斯，张先怡．行动研究法（上）［J］．教育科学研究，1994（04）：32-36.

三、研究思路与研究内容

（一）研究思路

通过对生态移民社区的考察发现，搬入定居点后，移民出于生存能力、发展机会、理性选择等原因，其生产生活在原村庄与新社区之间来回摆动，出现了“居而不定”的现象，从而形成了原村庄生产和新社区生活的两个异质秩序空间。在原村庄场域，有两种力量维系村庄秩序的治理，一是以传统村庄为代表的、以人情伦理的非正式规则为基础的非正式治理；二是以行政力量为代表的、以基层民主自治的正式规则为基础的正式治理。随着移民搬迁定居，原村庄基层组织转移到新社区，正式治理退出原村庄治理舞台，非正式治理成为维系着原村庄秩序的主要治理方式。虽然政府通过行政干预介入非正式治理秩序之中，却受到原村庄内生秩序的排挤，影响力远不及原村庄的内部力量，从而造成政府在原村庄陷入“外嵌内治”的治理困境之中。在新社区场域，也存在两种力量维系社区秩序的治理，一是传统资源的内生秩序；二是现代规制的外生秩序。生态移民搬迁并没有消融传统资源，移民将绝大多数传统资源移植到新社区场域中，形成了自我服务治理体系。传统资源在社区治理中具有两面性，积极的一面被外生秩序所吸纳，消极的一面则与外生秩序进行抑制。消极面向的传统资源诱发基层行政组织的改造和重构，造成社区治理“内嵌外治”的困境。

无论是原村庄的内生秩序还是新社区的外生秩序，都面临着治理失效的问题。在原村庄场域，虽然政府行政的外部力量介入村庄秩序重建，却受到村庄传统内生秩序的影响，所能发挥的作用有限，由于村庄缺少正式治理的适当干预，移民生产合作出现了困难，笔者将这种现象称为“外嵌内治”困境；在新社区场域，虽然移民将非正式规则运用到社区外生秩序之中，但难以与城镇正式规则为主要特征的正式治理相抗衡，由于新社区缺少非正式治理的适当调节，新社区内部解决纠纷机制失效，笔者将这种现象称为“内嵌外治”困境。

因此，本研究总体思路是，通过移民在原村庄和新社区之间的生产生活轨迹，分两条逻辑线路来考察生态移民社区的秩序和治理问题。以秩序逻辑为主线、以治理逻辑为辅线，明面上是考察生态移民社区的秩序问题，实际上是通过秩序问题来反映生态移民新社区的治理问题；在此基础上，提出重构城乡共生秩序的“互嵌共治”思路。如图 0-1 所示（本书总体思路框架图）。

（二）研究内容

根据以上研究思路的总体框架，本书的研究内容如下。

第一部分为导论。主要就研究的选题缘由与意义、研究现状与述评、研究思路与主要内容、研究方法和创新之处等进行总体性阐述。

第二部分为理论工具建构。对核心概念、基本理论和分析框架等进行系统阐述，为本研究提供理论基础。

第三部分为案例分析。主要从生态移民社区的历史演进进行描述，研究生态移民政策实施的背景以及移民搬迁后在生态移民社区的生活样态，为本研究奠定现实基础。

第四部分为生态移民社区的治理困境分析。主要分成两章内容（第三章、第四章）进行分析，第三章研究原村庄场域的内生秩序存在的治理困境。第四章研究新社区场域的外生秩序存在的治理困境。

第五部分为城乡共生空间“互嵌共治”治理路径的提出与共生秩序建构。将原村庄和新社区纳入共生治理单元，从对称性治理理念、互惠性治理思路、共生性治理格局对“互嵌共治”治理路径进行理论性阐释，提出建构生态移民社区“政治共识、经济互惠、文化共融、社会共建、生态共

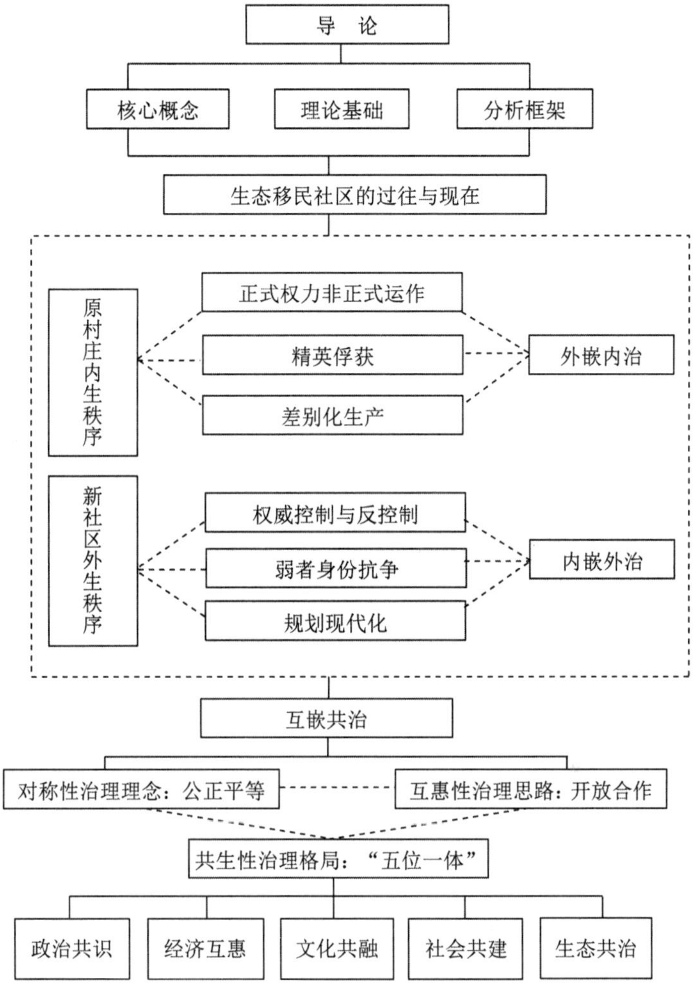

图 0-1 本书总体思路框架图

治”的“五位一体”共生秩序。回答生态移民社区治理失衡的核心命题。

第六部分为结论。主要对全书进行总结，得出研究结论。

四、研究方法与资料来源

研究方法是论证的技术工具。本研究以生态移民社区为个案，注重微观的观察分析和宏观的理论建构，综合采用个案研究法、行动研究法、参与观察法和深度访谈法，研究资源主要包括文献资料、工作日志以及实地调研材料。

（一）研究方法

1. 个案研究法

个案研究旨在揭示和解释社会现象。国内外学者对个案研究普遍存在两种认识：一种认识是个案仅仅是特殊事件的案例，个案并不能总结出一个存在一般规律性的结论；而另一种认识是个案能够通过现象描述，分析事件发生的过程和后果，可以形成新的假说或归纳性的普遍结论。“案例研究是一种运用历史数据、档案资料、访谈、观察等方法收集数据，并运用可靠技术对一个事件进行分析从而得出普遍性结论的研究方法。”① 在社会科学领域，个案研究一直是经典的案例研究方法，通过广泛收集各种资料，运用多种分析工具和技术，对复杂情境中出现的事件过程和事件结果进行深度描绘，最终得出具有普遍性意义的研究结果。

个案研究能够获得诸多社会学者的青睐在于它能够为读者带来身临其境的体验感、提供类似案例的解释性、弥补数理统计可能忽略的特殊现象等优势，但不可避免地，个案研究所代表的普遍性问题始终容易遭受质疑。一些研究者试图实现对个案研究的超越，其中有代表性的当数布洛维的“扩展个案法”、格尔茨的“深描法”以及费孝通的“类型比较法”。但是因个案异质性的存在，事实上个案难以实现对事物整体性的认知。因此，有学者提出应该“从部分与整体之关系和经验事实与理论之关系两个维度探讨它的意义和限度”②。以“关系性整体”超越个案研究的代表性问题，从关系视角去研究个案与整体的关系性存在，异质性问题也就迎刃而

① 张梦中，马克・霍哲．案例研究方法论［J］．中国行政管理，2002（01）：43-46.

② 王富伟．个案研究的意义和限度——基于知识的增长［J］．社会学研究，2012，27（05）：161-183.

解了。

本研究采用的个案是D村，隶属贵州省X县Z镇，笔者希望通过关系性研究获得对D村生态移民搬迁后社区治理的整体性认识。仅就代表性而言，D村与其他地区生态移民搬迁的村落一样，搬迁后形成的新社区是一个正在生长着的动态的社区，对详细刻画生态移民政策实施过程中村落的变迁以及不同的治理方式具有普遍意义。稍有不同的是，该生态移民社区的移民大部分来自原来仡佬族聚居的D村，同时也有小部分来自其他民族杂居的村寨，这或许多了一层对研究移民社区民族关系治理的关注。但笔者将视角聚焦于“关系性”的描述，包括政府与移民的关系、城镇与乡村的关系、秩序与治理的关系等，这种整体性描述淡化了个案中民族性的异质问题。但如果仅仅从社区的角度来看待对个案的选择，那么对于少数民族生态移民社区治理、易地扶贫搬迁安置点新建社区治理等同样具有借鉴意义。

2. 行动研究法

行动研究法是实际工作者为研究自己的工作实践所采用的一种方法，是本研究最重要的研究方法。行动研究突出研究空间是在“行动中研究”，必须具备工作实践的自然场合，这是开展行动研究的先决条件。行动研究主要以解决工作实践问题为导向，将解决问题的方案在研究过程中逐一检验，研究的过程即是解决问题的过程，研究的结果即是解决问题的具体方案。在此过程中，行动研究是一个动态的过程，可以根据实践中新的问题修正不同的解决方案，以适应工作实际的需要。

笔者于2013年9月至2015年3月期间，一直在生态移民社区驻村扶贫，直接参与该社区经济文化建设和社区治理行动。驻村工作结束后，2015年7月至今，笔者均利用每年的暑假时间对生态移民社区进行持续跟踪调查。在整个调研过程中，常常会发现各种各样的问题，有些存在移民诉求与政策规定不相符的问题，有些存在基层组织弱化难以精准执行政策的问题，也有一些历史遗留但需要现实处理才能解决的问题。这些问题纷繁复杂而琐碎，大部分属于交叉问题，需要不同的部门协同处理或联合办公才能加以解决，但在实际工作中会涉及权力边界、部门利益，给解决问题带来障碍，工作效率难以提高。事实上，基层工作的处事原则，依然受到传统秩序和规制的制约，问题的解决常常需要运用乡土规则的技术手段。对研究而言，这些问题都来自观察和实践，在提出解决方案的过程中会有严谨的思考，应该怎么解决？采取哪种方式解决？会有什么后果？应该如何应对？等等，诸如此类的反思和解决方案的提出都是对自我行动的研究。研究对生态移民社区治理秩序的书写和治理困境的概括，根本上都是这些行动研究实践过程的总结和提炼。

3. 参与观察法

参与观察也是本研究的重要研究方法。丹尼·乔金森（Danny L. Jorgensen）认为“运用参与观察法，可以描述发生了什么，所牵涉的人或物，事发的时间和地点，怎样发生，为什么发生——起码可以从参与者的角度做出判断——事件在特定的情形下发生的原因”①。参与观察不仅仅是社会文化和现象表层化的描述与了解，而是强调在研究过程中与对象取得相互信任，进而达到彼此理解的过程。只有把自己视为“局内人”，通过自身的生活体验去深层次地“理解”对方，并利用语言文字，才能将研究结果“解释”出来。

参与观察法在本研究中贯穿始末，与其他研究者有所不同，在对生态移民社区治理的研究中，研究者不再单纯是一个保持客观、中立的“局外人”身份，同时也充当了政策执行者的“官方”角色，并在长期与移民的互动关系中，满足了作为走近当地人、参与生活体验的“局内人”身份。因此，有关生态移民社区秩序生成及治理过程中出现的问题并不是笔者所“看到”的问题，而是所“遇到”和“执行”的问题。经过与移民的长时

① 丹尼·乔金森．参与观察法［M］．龙筱红，张小山，译．重庆：重庆大学出版社，2008：13.

间接触和交流，频繁的出场能够加深彼此的感情，走进移民的内心世界。从“局外人”身份向着“局内人”的角色转换至关重要，情感秩序作为基层社会治理的一种有效方式，虽然不存在于正式的政治制度框架下，但作为传统少数民族村落的“礼治”工具，在基层治理中仍然发挥着不可替代的作用。总之，现场的参与可以有更多的机会去观察他们的言行，与移民之间情感距离越近，就不仅仅是“了解”他们，而更能“理解”他们。

4. 深度访谈法

笔者在工作期间以及随后的调查研究中，基于研究问题对相关人物进行了深度访谈，访谈对象主要包括政府工作人员、村干部以及移民。工作期间的访谈，在通常情况下，属于非正式访谈，大多在平时沟通与交流中了解和掌握所关注的问题。驻村工作结束后的访谈，是专门针对研究问题的访谈，属于正式访谈，与访谈对象进行了较长时间的深入交流。

（二）资料来源

1. 文献资料

文献资料主要来源于三个部分：第一部分是电子期刊和博士论文，利用中国知网（CNKI）、万方数据知识服务平台、EBSCO 全文数据库、ProQuest 学位论文数据库等，查阅了大量的资料，为系统掌握该研究领域内的学术成果提供了极大的帮助；第二部分是纸质图书和电子图书，利用图书馆、文献传递等方式，阅读了大量经典的学术专著，为本研究的基础理论部分提供了丰富的素材和理论基础；第三部分是网络资源和政府有关文件、工作报告、工作总结、思想汇报等，网络资源的优势在于相关研究信息能快速获取，其中不乏知名学者在网络上发表的最新观点。而政府有关文件、报告等也为本研究提供了权威的文献材料。

2. 工作日志

工作日志系笔者驻村工作期间撰写的工作笔记，详细地记录了当时日常工作的具体情境，这些情境包含了事件发生的时间、地点、人物以及过程。

3. 实地调研材料

实地调研材料主要包括村务方面有关移民的信息数据（人口构成、耕地面积以及经济收入等）、政府部门上传下达的统计数据（项目经费、安置人次、就业培训、产业发展以及各种报表等）以及深度访谈后形成的文字资料。

五、可能的创新之处

（一）研究视角创新

本研究综合“自上而下”的政策建构主义范式和“自下而上”的底层结构主义逻辑的研究进路，从“行动-结构”的分析框架，通过对政府行动“向下看”的反思和对移民行动“向上看”的分析，以秩序逻辑为主线、治理逻辑为辅线，考察了生态移民社区不同场域的秩序和治理问题，提出基于城乡共生空间的“互嵌共治”治理路径，并建构了生态移民社区“五位一体”共生秩序理论框架。从研究视角而言，具有一定的创新性。

（二）研究方法创新

行动研究法是本研究较为独特的研究方法，这主要得益于笔者为期一年多的挂职经历，满足行动研究“必须具备工作实践的自然场合”，这是采用行动研究法的先决性条件。由于直接参与了生态移民社区治理建设工作，诸多问题来自工作行动一线，有较为丰富的案例和实践资料，为研究提供了鲜活的素材。行动研究法是“自我行动”的研究，在参与生态移民社区治理过程中，一些尚不成熟的思考以及未能得到及时解决的问题，在本研究中得到了体现和深化，形成了相对系统的、具有一定指导意义的理论框架。

（三）研究内容创新

本研究以生态移民社区为个案，通过对移民在原村庄和新社区两个异质空间展现的秩序图景和治理问题分析，认为以下三个方面存在创新：

1. 在对生态移民社区“二元秩序”形成的解释上，认为以治理生态和贫困问题为目的的生态移民项目的国家政策输入颠覆了传统原始村庄的秩序结构，引发生态移民社区的秩序变迁。移民搬迁后，原来维系村庄秩序的传统资源逐渐消退，而新的社区秩序还尚未完全生成，生态移民社区由原来稳定的村庄秩序走向变动的社区秩序。

2. 概括和提炼了原村庄和新社区两个异质空间的秩序图景和治理困境。认为原村庄场域的秩序是内生秩序，村庄治理存在“外嵌内治”困境。“外嵌内治”是以正式国家和行政制度为前提的外部力量嵌入原村庄秩序中干预村庄治理，受到原村庄内生秩序的抑制而无法完全施加对村庄非正式治理的影响，原村庄治理秩序主要依靠村庄内部力量非正式制度来维系的一种状态。而新社区场域的秩序是外生秩序，社区治理存在“内嵌外治”困境。“内嵌外治”是以传统乡规民约为特征的村庄内部力量嵌入重构后的社区秩序中干预社区治理，受到社区外生秩序的排斥而无法完全施加对社区正式治理的影响，社区治理秩序主要依靠社区外部力量正式制度来维系的一种状态。

3. “互嵌共治”治理路径是解决当前新型城乡社区治理失衡的恰当方案。认为“互嵌共治”治理路径是将乡村社会（村庄）和城市社会（社区）纳入共生治理单元，在公正平等的对称性治理理念下，通过开放合作的互惠性治理路径，实现“五位一体”的共生性治理格局。社区治理既依赖于正式制度的治理，也需要非正式制度的嵌入。随着国家治理体系和治理能力现代化的提升，生态移民社区的治理必然会回归理性秩序。

第一章　核心概念、理论基础与分析框架

概念是思维的起点，是构成判断和认证的最基本要素，厘清概念边界是一项科学研究严谨的基础，同时，科学研究活动又是在前人的研究成果上不断深化和推进的，全面梳理已有的科学理论至关重要。本章主要对研究主题相关的概念进行辨析，对相关理论进行梳理，并阐述分析框架。

第一节　核心概念

一、环境移民与生态移民

环境移民的概念最初被称为“环境难民”，是“由于环境遭到破坏，已经严重威胁到人们的生存安全，影响到人们的生活质量，而迫使临时性或永久性选择迁移的人群”①。并将环境难民分类为：“因为自然灾害或人为灾害暂时流离失所的人，地震、飓风等自然灾害或环境事故（例如工业污染引起的暂时性环境扰动）引起的移民就属于这类移民；由于激烈的环境变化而长期流离失所者，如修建大坝导致淹没区居民永久搬迁；因为环

① Essam El－Hinnawi. Environment Refugees. Nairoi，Kenya：United Nations Environment Programme. 1985，p. 3.

境条件的逐渐恶化，人们基本需求得不到满足而移民。”① 然而，一些学者认为移民与难民之间存在很大的差异，将环境移民与环境难民画等号并不规范和严谨。

一般认为，环境移民主要是受到自然环境变化的影响而引发的原住地居民外迁的移民，比如，发生较大地震、干旱、洪涝、荒漠化、盐碱侵蚀、土壤退化、森林过度砍伐、水土流失等环境问题，严重制约住地居民继续生存、生产而必须外迁的移民。也有学者指出，环境包括自然环境和社会环境，除了自然环境因素的环境移民外，也应该包含因社会环境变故而迫使迁移的人群，比如，战争、种族歧视、民族压迫等社会环境因素的环境移民。为规避不同环境因素或制度、法律等方面所引起的不同理解，国际移民组织在 2007 年将环境移民定义为：“由于环境突然或缓慢变化，对人们的生活或生存条件产生不利影响，而被迫或主动、暂时或永久离开其家园的人或人群，他们既可以是国内迁移，也可以是国际迁移。”②

在我国，由于生态环境的恶化，一些不适宜人类生产生活的地区，由地方政府组织实施移民，同时兼具了改善贫困条件和生态环境治理的目的，通过政府主导进行人口迁移的活动被视作为生态移民。国内学界对生态移民的定义众说纷纭，并无统一的界定。葛根高娃、乌云巴图从行为经济学的角度将生态移民定义为“由生态环境恶化，导致人们的短期或长期生存利益受到损失，从而迫使人们更换生活地点，调整生活方式的一种经济行为”③。而刘学敏则着重强调政府的实施行为，认为“生态移民是从改善和保护生态环境、发展经济出发，把原来位于环境脆弱地区高度分散的

① 郭剑平，施国庆．环境难民还是环境移民——国内外环境移民称谓和定义研究综述［J］．南京社会科学，2010（11）：93-98.

② International Organization for Migration，Discussion Note：Migration and the Environment. November 2007，http：//www. iom. int/jahia/webdav/shared/shared/mainsite/about_ iom/en/council/94/MC_ INF_ 288. pdf.

③ 葛根高娃，乌云巴图．内蒙古牧区生态移民的概念、问题与对策［J］．内蒙古社会科学（汉文版），2003（2）：118-122.

人口，通过移民的方式集中起来，形成新的村镇，在生态脆弱地区达到人口、资源、环境和经济社会的协调发展”①。国家发改委国土开发与地区经济研究所在《中国生态移民的起源与发展》的报告中则强调生态保护和扶贫作用的双重性质，认为“生态移民是指为消除贫困、发展经济和保护生态环境为目的的、把位于生态脆弱区或重要生态功能区的人口向其他地区迁移，从而实现经济、社会与人口、资源、环境协调发展”②。

生态移民的内涵较为丰富：(1) 生态移民与生态环境具有很强的关联性。正是由于当地生态环境的恶化或为了改善和保护当地生态环境而对其居住地的人们组织实施的一项搬迁行为。生态移民的对象大多生活在不具备人类生存条件或生存条件非常恶劣的生态脆弱地区，也或者生活在国家自然保护区、生态区位极其重要的生态涵养区等，对这些区域内的人们进行生态移民是考虑到人们的生产生活活动给当地生态环境造成了破坏。(2) 生态移民是政府主导下的人口迁移活动。在现实的社会情境中，虽然生态移民也可分为自发型生态移民和政府主导型生态移民，但学术界对生态移民的研究主要是指政府主导型生态移民，即将生态移民视为一项由政府主导的环境政策，是在政府统一规划、组织、实施、主导下的人口迁移。(3) 生态移民具有多重目标的属性。生态移民是一项复杂的系统工程，不仅可以消除贫困和改善生态环境，同时还能加强社会管理、加快地方社会经济发展、减少基础设施建设投入成本等，实现人口、资源、环境、社会、经济的协调发展。

在实践中，人们常常把环境问题、贫困问题杂糅在一起，这导致对生态移民的理解和称谓呈现出多样化，比如将生态移民理解为“环境移民”“扶贫移民”“扶贫生态移民”等。生态移民的确与生态环境息息相关，最初的认识也是由于生态原因所引发的移民，但贫困的原因是多种多样的，

---

① 刘学敏．西北地区生态移民的效果与问题探讨［J］．中国农村经济，2002（4）：47-52.

② 国家发改委国土开发与地区经济研究所．中国生态移民的起源与发展［R］．2004：7.

有些与生态有关，而有些与生态无关，同时，生态移民也不一定与贫困相联系，有时为了保护某一区域的生态，无论这一区域的居民是否贫困，可能都需要迁移。鉴于贵州生态区位重要且生态环境脆弱，而经济发展迟缓、贫困人口众多，贫困问题与生态问题相互交织在一起，这在贵州表现得尤为突出。因此，本研究所指涉的“生态移民”兼具了保护生态和扶贫脱贫的双重目标，是将生态与贫困作为共同体进行的“生态移民”研究。

生态移民的概念多运用于学术领域的研究和讨论，而在实践领域，生态移民则主要指“易地扶贫搬迁”，2001 年原国家计委针对扶贫工作新形势，结合西部大开发战略，利用国债资金在西部地区开展易地扶贫搬迁试点工作。2007 年，国家发改委颁布《易地扶贫搬迁“十一五”规划》，并指出：“易地扶贫搬迁，亦称生态移民，是党和政府在新时期探索实施的一项重要扶贫举措，通过对生活在不适宜人类生存地区的贫困人口实施搬迁，达到消除贫困和改善生态的双重目标。”① 自此，“易地扶贫搬迁”与“生态移民”被等同视之，理论界沿用“生态移民”概念开展相关研究，而各地方政府则用“易地扶贫搬迁”“易地移民搬迁”“扶贫移民搬迁”“牧区生态移民”等概念表述政策主题。本书所指涉的“生态移民”与国家或地方政府所发布的“易地扶贫搬迁”相关政策同属于一个概念。

二、社区与生态移民社区

“社区”是社会学理论研究的重要概念，是社会管理的基本单元。最早由德国社会学家斐迪南·滕尼斯在《共同体与社会》中提出，表示同质性人口在自然交往中形成的社会共同体。美国芝加哥学派的帕克后来在滕尼斯“社区”概念的基础上加入了地域性特征，费孝通将“社区”引入中国时沿用了帕克的含义，“指人们在地缘关系基础上结成的互助合作的共同体，用以区别在血缘关系基础上形成的互助合作的共同体。这两种共同

① 《易地扶贫搬迁“十一五”规划》(发改地区〔2007〕1528 号)。

体对其成员行为的控制有各自不同的依据，前者通常是乡规民约和正式法律，后者则是具有自然性质的习惯或传统家教”①。2000年，民政部《关于在全国推进城市社区建设的意见》（中办发〔2000〕23号）将“社区”定义为：“指聚居在一定地域范围内的人们所组成的社会生活共同体。”

社区是地域性的社会，社会是社区的集合。一般来说，社区的基本要素包括：“一定数量的人口；一定范围的地域空间；一定规模的社区设施；一定特征的社区文化；一定类型的社区组织。”② 不同的社区呈现出不同的性质和品格，既反映自然地理人文及人口文化传统，又反映社会经济发展的不同水平。按照不同的划分标准，学界将社区划分为不同的类型。普遍公认的观点认为城市社区和农村社区是最重要的两种社区类型，也有学者按社区的某些功能划分为经济型社区、文化型社区、旅游型社区③等，按社区的形成方式划分为自然型社区、法定型社区和专能型社区④等。

伴随着我国城镇化建设，从地域的角度出发，一些新的社区形态开始形成，社区的边界也越来越模糊。李志刚等人将经过“转制”的“城中村”称为“转型社区”，他们认为转型社区兼具城市社区与乡村社区特征⑤。周晨虹认为将“后城中村”阶段的社区称为“过渡型社区”更恰当一些，“过渡型社区”处于城乡连续体中间地带，既不断增加着现代城市性，又保留了乡村社区的传统精华，同时具备了城市与乡村的双重社会特性⑥。蓝宇蕴则提出“都市村社共同体”的概念，指与传统小农村社共同

---

① 费孝通．中国现代化：对城市社区建设的再思考［J］．江苏社会科学，2001（01）：49-52.

② 戴溥之，吕洁．论城乡社区文化的均衡发展［M］．石家庄：河北人民出版社，2014：76.

③ 周晨虹．社区管理学［M］．武汉：华中科技大学出版社，2018：34.

④ 张艳国，聂平平．社区管理［M］．武汉：武汉大学出版社，2013：52.

⑤ 李志刚，于涛方，魏立华，张敏．快速城市化下“转型社区”的社区转型研究［J］．城市发展研究，2007（05）：84-90.

⑥ 周晨虹．城乡一体化进程中的“过渡型社区”研究［J］．济南大学学报（社会科学版），2011，21（01）：8-13.

体相对应、相区别的一种村社型组织，是以行政村庄为边界，建立在非农产业经济基础之上，并在非农化过程中依赖自身的经济、权力、历史、文化和社会心理等资源进一步凝聚起来的共同体组织①。还有学者界定为“城乡结合部社区”② 或“城乡社区”③。

生态移民社区是政府主导下移民搬迁而形成的新的聚居区。一般来说，生态移民安置分为有土安置和无土安置，有土安置集中在农村地区，称“生态移民村”，仍然属于行政村建制和乡村治理结构；而无土安置则多集中在县城或集镇，称“生态移民社区”，部分政府在管理体制上纳入城市治理范围，但还有一部分政府只是换上了社区的牌子，却沿袭搬迁前的治理模式，成为“名义社区”④。本案例所指涉的生态移民社区从治理角度而言，属于后者。它与学界讨论的城市化背景下形成的诸多社区形态有着显著的区别。首先，社区形成轨迹不同。“转型社区”的“城中村”是城镇向乡村的扩张，而生态移民社区是乡村到城镇的被动迁移。其次，发展结果存在差异。“过渡型社区”强调过渡的状态，最终导向是向城市社区发展，而生态移民社区最终导向可能随着城镇化发展成为城市社区，也可能作为独立的形态来发展而成新建的“乡村社区”或新建的“城镇社区”，具有不确定性。最后，初始状态不同。“城乡社区”主要指城市郊区，是本身已经存在的静态的人口聚居区域，而生态移民社区则主要指从农村迁移到新的聚居点（城镇近郊或远郊，或新集中安置点）后建立的新的人口聚居地。鉴于对以上社区形态的比较和分析，笔者将本案例中“生态移民社区”界定为一种新型的城乡社区。

---

① 蓝宇蕴．都市村社共同体——有关农民城市化组织方式与生活方式的个案研究［J］．中国社会科学，2005（02）：144-154.

② 周大鸣，高崇．城乡结合部社区的研究——广州南景村 50 年的变迁［J］．社会学研究，2001（04）：99-108.

③ 李培林．当前社区研究的三个面向［J］．清华社会学评论，2017（01）：181-183.

④ 张雪霖．名义社区与实质社区：社区的本质与分类——基于土地产权性质与城市公共服务供给机制的二维视角［J］．华中农业大学学报（社会科学版），2019（03）：24-31.

三、秩序与治理

按照“汉典”的解释，秩序表示次序、规则、条理，秩侧重于有条理、不混乱，序侧重于有先后、不颠倒。对秩序概念的最好理解是从反面看“失序”状态。“失序状态是一种混乱而痛苦的经验，如果一个社会陷入总体性的失序状态，许多社会成员会消失。如果社会成员处于精神上的失序状态，那么共同体外在的秩序也无法持久。”① 这表明秩序是为实现某种特定的目标而表现出来的社会行为模式和互动关系，是一种旨在实现价值目标的社会安排。柯武刚和史漫飞认为：“秩序是指符合可识别模式的重复事件行为。它使人们相信，他们可以依赖的未来行为模式完全能被合理地预见到。”②

在韦伯的行动理论中，倾向于把行动范畴设定在一个行动发展过程的连续体上，如果行动要件产生了变化，那么行动就有可能从一个范畴转向另一个范畴，而这个流动性的、连续性的发展过程，就是“行动”到“秩序”的连续性发展。韦伯早期理念型构建中，将行动层次界定为共同性行动，秩序层次界定为合意性行动和结合性行动，合意性行动是非目的的理性的秩序，结合性行动是有目的的理性的秩序。由共同性行动发展到合意性行动或结合性行动就是从行动层次进入秩序层次，但秩序层次的各种行动范畴仍以个人的行动为基础。后来，韦伯进一步作了更为细致的分析，在“行动”与“秩序”之间引入了一个非常重要的中间概念——“社会关系”，社会行动由共同性行动和结合性行动构成，共同性行动表现的是共同体关系，是感情的或传统的秩序，而结合性行动表现的是结合体关系，是目的理性的或价值理性的秩序。韦伯的观点指出了秩序对社会关系描述的重要性，它将规范与秩序联系起来，更明晰地表达了行动与秩序、

① ［美］拉塞尔·柯克．美国秩序的根基［M］．张大军，译．南京：江苏凤凰文艺出版社，2018：42.

② ［德］柯武刚，史漫飞．制度经济学［M］．韩朝华，译．北京：商务印书馆，2000：33.

行动规范与秩序实现之间的关联。

舒尔茨继承了韦伯的观点，认为“所有社会关系的原型就在于诸种动机之间的主体间关联”①。行动者在行动与秩序之间依赖于社会关系的构成和直接呈现，认知态度、合约规范、价值理念、策略方法等均可能影响行动者彼此双方的社会关系，行动是秩序的基础，秩序需要社会关系来维护。帕森斯强调，社会结构实际上就表征着一种“序”，一种相对稳定的内在秩序，当行动者按照某种既定的规范行动时，那么秩序也就产生了。规范是先于个人而被社会所预设的，秩序正是通过规范内化的方式来实现的，要想维持某种秩序，就必须让行动者在意识中具有内化的规范②。

秩序体现的是社会生活中社会关系存在的社会运行状态，从不同的视角和标准，可以对秩序作不同的类型学划分。按照时间序列可以分为新秩序和旧秩序，按照空间序列可以分为内部秩序和外部秩序，按照社会构成可以分为政治秩序、经济秩序、社会秩序、文化秩序等。本研究在讨论秩序时，并没有对这些秩序类型进行严格意义上的界定，它既包括政治上的权力秩序，也包括经济上的生产秩序，既有村庄边界内的内在秩序，也有村庄边界外的外在秩序，甚至包括移民日常生活中的生活秩序以及话语生产过程中形成的话语秩序，本研究所建构的共生秩序是将这些秩序作为社区治理秩序的重要单元和互动关系来建构的共生秩序理论。

秩序和治理是一个相对的概念，不管是“有序”还是“无序”，都需要通过治理来维护。秩序是围绕着“社会关系”的逻辑进路来展开，秩序的治理实质上是对社会关系的维护。治理理论的创始人罗西瑙认为：“治理是通行于规制空隙之间的那些制度安排，或许更重要的是当两个或更多规制出现重叠、冲突时，或者在相互竞争的利益之间需要调解时才发挥作

---

① Schultz A. Collected papers Ⅱ: studies in social theory [M]. Hague: Martinus Nijhoff, 1976: 103.

② 杨善华. 当代西方社会学理论 [M]. 北京: 北京大学出版社, 1999: 65.

用的原则、规范、规则和决策程序。”① 全球治理委员会将治理界定为：“治理是或公或私的个人和机构经营管理相同事务的诸多方式的总和。它是使相互冲突或不同的利益得以调和并且采取联合行动的持续的过程。它包括有权迫使人们服从的正式机构和规章制度，以及种种非正式安排。而凡此种种均由人民和机构或者同意，或者认为符合他们的利益而授予其权力。它有四个特征：治理不是一套规则条例，也不是一种活动，而是一个过程；治理的建立不以支配为基础，而以调和为基础；治理同时涉及公、私部门；治理并不意味着一种正式制度，而确实有赖于持续的相互作用。”②

国内讨论得比较多的是治理与统治的区别。就权威而言，统治的权威必定是政府，而治理的权威则更多地来源于合作网络。就主体而言，统治的主体一定是政府和公共机构，而治理的主体则既可以是公共机构，也可以是私人机构，还可以是公共机构与私人机构的合作。就权力而言，统治以集权为特征，治理则强调权力分散，强调国家与社会、政府与非政府、公共机构与私人机构之间的合作。就管理而言，统治突出政府的行政管理，而治理则强调管理者的多元化，以及管理的网络化。就权力运作的方向而言，政府统治的权力运作是自上而下的，而治理则是一个上下互动的管理过程。

治理不是万能的，它既不可能代替国家而享有政治强制力，也不可能代替市场而自发地对大多数资源进行有效的配置。针对治理失效的问题，不少学者提出了“元治理”“有效治理”“良好的治理”以及“善治”等概念，尤其是“善治”的影响最为广泛。俞可平概括为“使公共利益最大化的社会管理过程，善治的本质特征，就在于它是政府与公民对公共生活

① ［美］詹姆斯·N. 罗西瑙．没有政府的治理［M］．南昌：江西人民出版社，2001：13.

② 俞可平．治理与善治［M］．北京：社会科学文献出版社，2000：8.

的合作管理，是政治国家与市民社会的一种新型关系，是两者的最佳状态”①。衡量善治的标准是：合法性、法治、透明性、责任性、回应、有效、参与、稳定、廉洁和公正②。

总体而言，治理是一个多元化的概念，这主要源于社会实践的复杂性和治理理念的适用性。其丰富的内涵可概括为六个方面：（1）治理主体多元；（2）治理方式多样性；（3）合理的授权和分配；（4）社会公众或组织机构参与；（5）拥有共同的目标；（6）注重治理效率。

社区治理是治理理论的内容之一，是治理理论在社区建设、社区发展、社区服务和管理等过程中的实际运用，是社区利益相关者协同参与社区公共事务管理的活动和过程。具体来说，社区治理是“在法制化、规范化的前提下，由政府行政组织、社区党组织、社区自治组织、社区非营利组织、辖区单位以及社区居民等多元主体共同管理社区公共事务的活动”③。从这个定义中可以看出，社区治理包含治理理念的基本内涵，社区治理本质上是多元主体的共同参与，通过互助、协商与合作，形成多中心网络社区治理结构。

在我国“城乡分治，一国两策”的制度背景下，城市社区治理和农村社区治理成为地方治理实践的两种模式，特别是对农村社区治理，往往在传统礼治秩序和现代法理秩序的交替运用中使得治理技术更富有挑战性。正如前面对生态移民社区的界定，生态移民社区治理在相当长的时期内，是传统礼治秩序和现代法理秩序共用的治理范式和结果。从主体上来说，治理主体仍然是生态移民社区的村委会，移民参与社区政治生活不多，更谈不上协商与合作。虽然单一的个体难以形成与村委会的议事机制，但移

---

① 俞可平．论国家治理现代化［M］．北京：社会科学出版社，2014：36.

② 世界银行和联合国开发计划署等有关国际组织提出的善治标准主要是八条，俞可平教授认为根据发展中国家的实际情况应再加上廉洁和稳定两条标准。国内在讨论善治标准时，多采用俞可平概括的十条标准．

③ 邱梦华，秦莉，等．城市社区治理［M］．北京：清华大学出版社，2013：23.

民团体的力量却可以充当集体组织（如第三章中移民自发组织的“议事团体”）的角色，只不过这种集体组织最多被视为临时性的非正式组织，仅仅是出于对自身利益维护的需要。虽然笔者对这样的治理态度比较消极，但至少也可以看到，作为还在逐渐生长中的社区，治理的良善是从对话开始的，有对话才有协商，有协商才可能有合作，而有合作才可能实现对生态移民社区的“善治”。

第二节　理论基础

一、人口迁移理论

人口迁移问题在国外研究较早，并形成了丰富的理论、模型和假说，对解释“人口为什么要迁移”“人口向何处迁移”以及“人口迁移会产生什么影响”提供了系统的思想体系。早在 17 世纪，威廉・配第（William Petty）就指出了经济利益会促使劳动力从农业部门向现代部门进行流动，从而较早地从经济学角度来揭示人口迁移的原因。但真正具有里程碑式的研究则是 1885 年莱文斯坦（Ravenstein）发表的《人口迁移法则》（*Law of Migration*），从人口学的角度全面研究了人口迁移的具体原因。自此以后，西方学者在不同的领域逐渐丰富和完善人口迁移理论，其中比较成熟的理论就达 10 多种。这些理论可以粗略地分为宏观理论模型和微观理论模型，宏观理论模型以人口迁移现象为基础来研究人口迁移的总体行为，如“推拉理论”“转变理论”“托达罗模型”“刘易斯模型”等；微观理论模型以个人或家庭为对象来研究个体的迁移行为，如“迁移决策理论”“成本效益理论”“均衡模型”“非均衡模型”等。

莱文斯坦在早期提出经济因素是吸引人口迁移最关键的因素，人们出于经济动机为改善生产生活条件而进行迁移。赫伯尔（Herberle）、米歇尔（Michell）、博格（Bogue）等人则进一步对人口迁移的原因进行了论述，认为人口的迁移是由一系列的因素引起的，这些因素包括了促使人们离开居住地的“推力”和吸引人们到新的地方居住的“拉力”，正是在这些“推力”和“拉力”的综合因素的共同作用下，产生了人口的迁移行为。这一理论构成了传统人口迁移推拉理论的基本内容，成为有关人口迁移的理论基础，但同时也因其理论的简单化而存在较大的局限性，即无法解释相同地区受同样“推力”和“拉力”影响的个体或家庭，为何有的会迁移而有的不会迁移？继赫伯尔等人之后，美国人口学家李（E. A. Lee）建立了一个完整的分析框架，包含了影响迁移的因素、迁移量、迁移的流向和迁移者的特征四个方面[①]。根据李的解释，影响人口迁移的因素有迁出地的因素、迁入地的因素、中间阻碍因素和个人因素。每一个地区都同时存在着“拉力”因素、“推力”因素和无关因素，人口的迁移是各种因素综合作用的结果；人口迁移的流量受地区差异、人群差异、经济变动等制约，地区间差异越大则迁移量越大，迁入地和迁出地人群的同质度越高则迁移量越小，经济越繁荣人口迁移量越大；人口迁移有特定的方向，会集中到特定的目的地，同时，每一个迁移的流向会存在一个相反方向的反迁移流；迁移者具有选择性，迁移的中间障碍越大，迁移的选择性就越强，迁移者的个性特征和生命周期都可能会影响到迁移决策。

推拉理论虽然阐释了人口迁移的原因，却并未深入回答如何进行迁移决策的问题。20 世纪 60 年代，沃尔波特（Wolpert）提出了人口迁移决策理论。他的理论包含了三个基本概念[②]：（1）地点效用，即一个人在其所处的空间位置上所能享受到的各种条件的总和；（2）“满意因子”，即潜在迁移者根据可得性、过去的状况、其他人达到的水平等调整自己的“期望

① 段成荣．人口迁移研究：原理与方法［M］．重庆：重庆出版社，1998：49-53.

② 王培安．流动人口理论与政策综述报告［M］．北京：中国人口出版社，2010：26-27.

水平”;(3)“活动空间”,即能够被选择作为迁移者目的地的地区。按照沃尔波特的解释,迁移者对迁入地的决策应该是地点效用最大化,但迁移者往往并不是追求地点效用的最大化,而是追求相对合理的地域范围,根据可行性来调整自己的迁移行为。在沃尔波特迁移决策理论的基础上,布朗(Brown)和摩尔(Moore)提出了人口迁移的决策过程模型,认为人口迁移是人们对压力所作出的反应。压力既可能来自迁移者本身,也可能来自外界的环境因素,而人口的迁移决策就是由压力的大小来决定的。只有当原居住地的地点效用由于自身的或者外界的压力减少到低于某一阈值时,迁移者才会决定进行迁移。但压力的大小可能会发生一些变化从而影响迁移者的决策,比如迁移者受压力影响降低迁移期望,或者外界环境因素得到某种程度的改善等。

但舒尔茨(Theodore Schultz)认为“促使人们迁移的真正动力,通常是经济上的净收入以及非金钱性满足的某种组合。所谓经济上的净收入,就是扣除掉进行迁移所花费的成本之后所得到的金钱数目①”,也就是说迁移取决于成本与效益之间的比较。迁移成本指在迁移过程中所花费的各种费用,既包括直接的现金成本也包括间接的非现金成本,迁移效益指迁移者通过迁移能够拥有更好的发展机会并增加其收入。如果迁入地的收入高于迁出地的收入,并大于迁移时所产生的成本,那么迁移行为才是有效益的,反之,如果迁入地和迁出地的收入差异不足以弥补迁移成本,则迁移行为就没有经济上的效益。美国经济学家斯达科将舒尔茨的“成本-效益”模型进一步定量化后,他认为人们迁移时的花费是投资的成本,迁移后的所得是投资的效益,因此,人们的迁移行为取决于迁入地的平均收入是否超过迁出地的平均收入加上用于迁移的其他支出。如果迁入地的平均收入超出迁出地的平均收入和支出,那么人们

① [美] 西奥多·W. 舒尔茨. 论人力资本投资 [M]. 吴珠华,等,译. 北京:北京经济学院出版社,1990:206.

就会作出迁移的决策，否则就不会发生迁移行为。换句话说，人们的迁移决策取决于迁移净收益的大小。

除此之外，刘易斯（Arthur W. Lewis）根据经济结构提出了著名的二元结构发展模型。他认为经济结构可以用传统部门和现代部门来概括，传统部门以人口过剩、仅能维持生存的农业部门为代表，而现代部门以高劳动生产率的现代工业部门为代表。由于传统农业部门存在大量的劳动力，且劳动边际生产率等于零，因此，将剩余的劳动力向现代部门转移，不会影响农业产出，还能增加现代部门的劳动力供给，促进就业增长。在这种二元经济结构的假设下，两大部门的工资差异促使传统部门的劳动力不断向现代部门转移，随着资本家将利润继续用于投资，现代部门的资本量进一步增强并扩大以吸引更多的劳动力，直到农村剩余劳动力全部转移到现代部门时，“刘易斯拐点”出现，二元的经济结构转变成一元的经济结构。刘易斯模型揭示了劳动力转移的过程，但忽略了农业劳动生产率的重要性。后来拉尼斯（Gustav Ranis）和费景汉（John C. H. Fei）对此进行了修正，从动态的角度来研究农业与工业均衡增长的二元结构。他们认为因为农业生产率的提高而出现农业剩余产品是农村劳动力流向现代部门的先决条件，并提出了劳动力转移的三个阶段。第一阶段是劳动力边际生产率为零的无限供给，这部分劳动力是剩余的；第二阶段是劳动力边际生产率大于零但小于不变制度工资的劳动力的流出，“第一转折点”出现；第三阶段是劳动力边际生产率与工资率相当，“第二转折点”出现，劳动力成为农业和工业竞争市场的产品。修正后的二元经济模型被称为“刘易斯-拉尼斯-费”模型。

虽然二元经济模型解释了部分农村劳动力转移的一些规律，但没有阐释清楚在城市存在失业条件下农村劳动力仍向城市转移的问题。托达罗（Michael P. Todaro）认为人口迁移是人们对城乡预期收入差距的反应而不是对实际收入差距的反应，从而建立了预期收入理论的城乡人口迁移模型。该模型认为：（1）劳动力迁移主要受人们来自相对经济利益和费用这些合理的经济上的考虑的刺激。其中经济上的因素起决定性的作用，但也有心理上的考虑；（2）劳动力迁移的决策取决于“预期”的而不是实际的城乡工资差异。其中，预期的差异由实际的城乡收入差异和城市获得就业机会的可能性这两个变量相互作用决定的；（3）获得城市高收入职业的可能性往往和城市的失业率成反比例关系；（4）劳动力迁移的增长速度超过城市就业机会的增长速度不但是可能的，而且是合理的。即使城乡预期收入差异很大也是可能的，城市高失业率是大多数不发达国家城乡经济机会严重不平衡的必须结果①。托达罗模型的贡献在于，只要城市存在较高的“预期收入”，农村劳动力人口就会不断向城市迁移，要减少农村人口进入城市，就必须加快农村的社会经济发展，缩小城乡之间的收入差距，而不是加快城市的发展，提供更多的就业机会以降低城市失业水平。

二、有关发展的理论

发展是人类社会永恒的主题，理论成果也极其丰富，诸如增长的发展、自由的发展、可持续发展、新发展理念等，这些理论、理念共同构成了有关发展的研究基础。

1. 增长的发展

增长和发展是两个不同的概念，仅有增长并不足以实现发展，但人们似乎很容易接受增长即发展、发展即增长的观念，哪怕是缓慢的增长，也是对社会发展的进步，这种增长的发展观是把发展根植于经济增长和物质繁荣的基础之上，信奉经济增长是社会进步的先决条件。

衡量经济增长的主要指标是国民生产总值（GNP）或国内生产总值（GDP）等，这些指标通常被看成是能够反映人们的“生活质量”“福利水

---

① ［美］托达罗．第三世界的经济发展（上）［M］．于同申，等，译．北京：中国人民大学出版社，1988：355.

平”以及社会的“进步程度”，导致不少地方政府“唯 GDP 论”，使城镇化发展迈向规模化扩张之路。国内外的一些经济学家指出，商品和劳务以货币为衡量的价值，只有通过货币流通才能纳入国民生产总值之中，而那些没有通过货币流通的产出和劳务常常被忽略掉，所以，单纯以国民生产总值等指标来衡量发展程度是有缺陷的。因此，托达罗继而提出对发展的含义更为宽泛的理解：“我们必须把发展看成是涉及社会结构、人的态度和国家制度以及加速经济增长、减少不平等和根除绝对贫困等主要变化的多方面过程……这些重要的价值标准是维持生存、自我尊重和自由。它们代表了所有个人和社会所寻求的共同目标。”①

如果说秉持经济的增长是为了满足物质的欲求而让人们的生活质量必然提高的逻辑，那么因为人们为了摆脱贫困而不断地满足自身的欲望，也就是说资产的积累反而成了制造贫困的源头。因此，以经济增长之物质拥有的多寡衡量“贫困”，是现代文明的偏见。然而，单纯站在个体的角度去看待发展，这种观点毕竟是狭隘的。事实上，经济增长对促进发展的作用是显著的，正如马克思并不否定“工业化”或“经济增长”本身对社会进步所作出的积极贡献。经济增长所创造的公共收入对政府提供公共服务具有极其重要的影响：农村道路交通的改善缩短了时间和空间的距离，促进了城乡资源要素的流动，商贸流通的便捷性无形中增加了潜在的个人收入；良好的公共教育无疑给社会或个人带来了广泛的收益，包括提高生产力、降低投资风险、转变生产经营方式等；公共医疗卫生的大量投入能够控制疾病的传播，减少身体安全的威胁，解决看病就医的问题，甚至良好的医疗保障能够延长人们的寿命。值得指出的是，经济增长对创造公共收入并作用于惠及群体的范围至关重要，如果经济增长所带来的公共收入没

① ［美］托达罗．经济发展与第三世界［M］．印金强，赵荣美，译．北京：北京经济出版社，1992：80.

有惠及民生，那么这样的发展是“内卷化”① 的。从这个角度讲，如果说在经济发展水平还很低的时候，我们可能更多强调个人的主观能动性以成就最基本的生存保障，但对于今天我国整体经济发展水平已经有了很大的提升、区域经济发展已经得到极大改善的情况下，可能对贫困地区的贫困人口，地方政府应该发挥其主导作用以实现国家全面建设小康社会的战略目标。只是需要探讨政府如何以增强贫困人口的发展能力为重点，如何努力为增强其发展能力创造条件。

2. 自由的发展

“自由的发展”是印度经济学家、1998 年诺贝尔经济学奖获得者阿马蒂亚·森提出的一个新的发展理论。森批判主流经济学将国民生产总值（GNP）增长、个人收入提高、工业化、技术进步或社会现代化等观点视为一种狭隘的发展观，这些只是人们享有自由的手段，但同时自由还依赖于社会的、经济的和政治的安排以及其他因素的影响。所以一个人的自由不仅指个人主体地位的实质自由，也包含社会安排的工具性自由，发展就是要消除那些限制人们自由的主要因素。基于此，森提出了自己的理念：“发展可以看作是扩展人们享有的真实自由的一个过程。”② 他认为这样的观点使人们看待事物的观念会发生决定性变化，对社会价值观和流行的道德伦理产生作用，因为这种自由观涉及确保行动和决策的自由过程以及所享有的自由机会。一方面，通过社会安排来扩展个人自由；另一方面，又运用个人自由来提高生活质量，并使社会安排更富成效。进而，森强调：

① 内卷化也称为“过密化”，这一概念是随着黄宗智研究 20 世纪中国农村社会变迁的《长江三角洲小农家庭与乡村发展》而引起了国内学者的注意。“内卷化”一词源于美国人类学家吉尔茨《农业内卷化》，根据吉尔茨的定义，“内卷化”是指一种社会或文化模式在某一发展阶段达到一种确定的形式后，便停滞不前或无法转化为另一种高级模式的现象。黄宗智在《长江三角洲小农家庭与乡村发展》中，把“内卷化”这一概念用于中国经济发展与社会变迁的研究，他把通过在有限的土地上投入大量的劳动力来获得总产量增长的方式，即边际效益递减的方式，称为没有发展的增长即“内卷化”。

② ［印］阿马蒂亚·森．以自由看待发展［M］．任赜，于真，译．北京：中国人民大学出版社，2012：1.

“自由不仅是发展的首要目的，也是发展的主要手段。”他把它们称为自由在发展中所起的“建构性作用”和“工具性作用”。建构性是对提升人们生活质量的实质自由而言，包括免受困苦的基本的可行能力以及识字算数、政治参与等，其发展过程是按照扩展人类自由来评价。工具性则是对社会的制度性安排而言，包括政治自由、经济条件、社会机会、透明性保障和防护性措施，这些工具性自由能够直接扩展人们的可行能力，其发展过程受到它们之间相互关联的强烈影响。

森的理论是迄今为止主流发展理论中最具包容性的理论，得到了国际社会的高度评价，联合国开发计划署《人类发展报告》正是运用森的理论，从人类发展的视角重新定义和测量贫困的。但对森的发展理论，我们应该批判性地吸收，而不是一味地“拿来主义”，要根据我国的国情走适合自己的发展道路，特别是不同地区之间存在差异性，不可能有一套“放之四海而皆准”的发展道路能够适合所有的地区。森的理论作为识别贫困的方法具有一定的借鉴意义，但不可避免地存在局限性。他认为，对贫困问题的研究只应该与穷人的状况相关，事实上有研究者已经提出贫困问题应该更多关注于整体国家福利水平对贫困人群的影响，仅仅将研究对象囿于穷人必然导致适用性的模糊化，正如森自己所强调的，对贫困的关心应该重视对穷人福利的关心，而不是收入差距的关心，这表明森的发展理论适用于绝对贫困群体的研究，而降低了相对贫困群体的研究的解释力。

可行能力作为识别贫困的方法，从宏观上对我国贫困研究仍然具有借鉴意义，但森对可行能力的具体范围、关涉内容并没有作出明确说明，至少可行能力的建构性缺乏实践领域的现实意义，虽然努斯鲍姆发展了森的可行能力分析路径，列举出10种基本可行能力清单，但并未获得学界一致认可的分析框架，森对此解释为人们对待新的概念持有偏见是可以理解的。或许即使精确地覆盖了可行能力的蕴含，可行能力之间的比较和筛选依然存在困境。森通过直接法、间接法和补充法来强调可行能力方法的运用，但把对权数和赋值的模糊性归结于资源及基本物品与实现高水平生活质量的机会之间存在参数性差异，将“做选择”自身看作是一种高贵的功能性活动。

另外，森过多地相信市场和个人解决贫困问题的能力，以西式民主为范式讨论自由与政治民主。如果能够按照他的理论顺利地解决好贫困问题，那么印度就已经很好地解决了贫困，但事实上，在反贫困领域，印度远不如中国做得好。如果过分地聚焦个体的内在因素，单纯强调作为个体的民主和自由，而忽略来自外部的制度与规则，甚至脱离于社会变革与发展的大环境，任何发展都只能是虚妄，最终沦为资本主义框架内的修补方案。

3. 可持续发展

1972 年联合国环境会议首次提出“可持续发展”，1987 年世界环境与发展委员会发表《我们共同的未来》的长篇报告，在国际上引起了广泛的社会关注。报告认为，经济发展必须立足于资源环境的持续和发展政策，人类社会需要有一条新的发展道路面对越来越多的贫困和环境恶化问题，否则，难以满足下一世纪的需要。并提出了经典的可持续发展定义：“既满足当代人的需要，又不对后代人满足其需要的能力构成危害的发展。”① 可持续发展的一个核心命题是人类的发展不能超越资源与环境的承载能力，力图在保护环境与经济发展之间取得合理的平衡。人类的需要并不是无节制地满足，而是要考虑到资源环境的承载能力，一旦人们赖以生存的资源遭到破坏或超过极限，那么发展就是不可持续的，甚至于倒退。1994 年，中国政府公布《中国 21 世纪议程》，明确我国 21 世纪走可持续发展道路，制定了可持续发展总体战略和政策。

可持续发展存在不同的学理解释，人口学家认为可持续发展的核心是

① 世界环境与发展委员会．我们共同的未来［M］．王之佳，柯金良，等，译．长春：吉林人民出版社，1997：52.

人的可持续发展，社会学家强调可持续发展是社会的可持续发展，而在经济学领域则表达了经济可持续发展是有别于传统发展模式的新的发展模式。虽然这些观点各有侧重，但对可持续发展的基本共识是：(1) 可持续发展的核心是人口可持续发展。强调发展首先要满足当代人发展的需要，包括人的生存、享受和发展，同时人的发展还包括了人与自然的和谐共生。(2) 可持续发展强调代际关系。在满足当代人发展需要的同时不能危害到下一代人的生存和发展，体现了当代人的责任感和人口代际的“公平性”。(3) 可持续发展强调人口、资源和环境协调发展。经济发展不能以牺牲环境为代价，人口过激增长会日益消耗各类资源，因此，人与人、人与自然之间一定保持和谐共生、协调发展。(4) 可持续发展强调社会公平、公正。可持续发展要建立起消除贫困与公平分配的制度，消除贫富差距、城乡差距、地域差距、行业差距等社会分配不公平的问题。

可持续发展立足于自然生态环境对人类永续发展的战略思考，并不仅仅是一般意义上的时间与空间的延续，而是关乎人类社会经济发展和生存的生活方式变革。可持续发展鼓励经济增长对于提高人的福利水平的现实意义，但经济增长方式必然是要改变传统“高消耗、高污染”的生产模式和消费模式，采取低碳的、绿色的、环保的、循环的可持续发展模式以减少经济活动对资源环境所造成的压力。社会经济的发展不能超越资源环境的承载能力，它要求必须合理地开发和利用自然资源，没有限制的发展是不可持续的发展。

在实践层面，生态保护与经济发展有时会产生对立。一方面，为追求快速的经济增长而不顾环境破坏与生态恶化的代价；另一方面，加大环境保护又反过来提高经济成本、制约经济发展速度。习近平总书记曾明确指出，决不能以牺牲环境为代价去换取一时的经济增长，而要把生态环境保护放在更加突出的位置。只有良好的生态环境，才是经济发展可持续的重要条件，没有了这个条件，谈任何发展都是不可持续的。我们不能把眼光还停留在原来粗放式经济发展水平的时候，而要从更高经济发展目标去理解生态环境建设。现在我国已经解决了人们的基本温饱问题，下一步的目标是如何提高人们的生活质量，而保持良好的生态环境正是体现生活质量的重要指标。生态保护和经济发展的协调，是实现可持续发展的内在要求，关键在于地方政府的思路，在于公共政策制定和实施的平衡问题。

发展也不仅仅是经济增长的问题，发展的本质是改善人的生活质量，提高人的健康水平，为人们提供一个自由、平等、免于贫困和暴力的社会环境。从这个意义上来说，在可持续发展的过程中，经济发展是基础，资源环境是条件，而促进人类社会进步才是目的。这三者之间是一个相互影响、相互作用、相互促进的和谐共生的共同体，只要社会系统在一定时间内保持着与经济、资源、环境的协调发展，那么这个社会就是可持续的。

4. 我国新发展理念

"创新、协调、绿色、开放、共享"是党的十八届五中全会提出的新发展理念，是党中央在深刻总结国内外发展经验和教训、深入剖析国内外发展理念的基础上形成的新发展观，为全面建成小康社会和实现民族复兴提供了行动指南和发展纲领。新发展理念既是我国改革开放以来社会经济发展实践经验的总结，又是对长期积累的矛盾、问题、风险的现实回应，不仅提出了破解发展难题的理论指引，而且指明了未来发展的重要举措和方向。新发展理念作为引领我国新时代社会经济发展的战略抉择，顺应了时代潮流，为世界经济发展贡献了中国智慧和中国方案。

创新发展是发展的基点，是引领发展的第一动力。过去强调"技术创新"，新发展理念将创新发展推及全面创新——"不断推进理论创新、制度创新、科技创新、文化创新等各方面创新"。党的十八大以来，以习近平同志为核心的党中央把创新摆在国家发展全局的核心位置，实施创新驱动发展战略，这是解决当前社会经济发展主要矛盾的必然选择，是决胜全面小康、实现伟大复兴中国梦的必然选择，体现了党中央集体认识创新问题的新高度。在创新战略层面，发挥科技创新的引领作用，实施国家重大科技攻关项目、重大创新领域工程、国家大数据战略、网络强国战略。在创新体制机制层面，深化行政管理体制改革，完善各类国有资产管理体制，形成有利于创新发展的市场环境、产权制度、投融资体制、分配制度、人才培养引进使用机制。在创新方式层面，减少政府市场干预，全面放开竞争性领域商品和服务价格；构建产业新体系，培育战略性产业，加快发展现代服务业。创新发展理念的提出为扶贫开发提供了思想指导，扶贫工作从漫灌式向滴灌式转变，从资金驱动向要素驱动转变，将创新创业、产业经济、扶贫体制机制改革等作为精准扶贫的方向，推动农业现代化，转变农业生产方式，优化产业布局，调整产业结构，打造产、学、研系统体系，发展多元化的经济增长点。

协调发展是解决发展不平衡以及持续健康发展的内在要求。中国幅员辽阔，民族众多，地区差异、城乡差异、民族差异、环境差异等交叉、融合、叠加，使社会经济发展出现不均衡、不协调的问题。为此，党的十八大提出政治建设、经济建设、文化建设、社会建设和生态建设“五位一体”的整体布局，着力解决发展中的重大关系，推动区域协调发展、城乡协调发展、物质文明和精神文明协调发展、经济建设和国防建设融合发展。发展失衡是贫困地区人口陷入贫困最突出的主要原因，协调发展理念有利于当前东西部对口帮扶、社会广泛参与、党干基层扶贫、少数民族地区政策性倾斜等大扶贫格局的资源配置优化，推动区域协调、协同、共同发展的战略决策，“变要我发展为我要发展”，结合外在助力和内在动力，最终实现脱贫脱困目标。

绿色发展是生态文明建设的路径选择，是人们追求美好生活的重要体现。党的十八届五中全会提出，“必须坚持节约资源和保护环境的基本国策，坚持可持续发展，坚定走生产发展、生活富裕、生态良好的文明发展道路”，“促进人与自然和谐共生”，“加快建设主体功能区”，“加大环境治理力度”，“推动低碳循环发展”，“全面节约和高效利用资源”，“筑牢生态安全屏障”。[①] 绿色发展理念不但要求转变生产生活方式，更重要的是树立起以生态价值观为核心的思维方式和价值观念，成为社会发展方式和人们生活习惯的自觉实践。绿色和发展互为目的、相存相依，守住生态和发展的底线，既需要依靠科技创新节能减排，也需要发挥政府的导向作用。贫困地区的贫困人口多受制于脆弱的生态环境和恶劣的生存条件，通过生态扶贫、生态移民等精准扶贫方式，生态修复、生态产业建设等生态治理手段，可以有效地推动贫困地区实现生态与发展的双赢，实现可持续发展。

开放发展是融入世界经济的战略决策，是民族复兴的必由之路。中国奉行互利、合作、共赢的开放战略，与世界经济深度融合，积极参与全球经济治理和公共产品供给，提高在全球经济治理中的制度性话语权，构建广泛的利益共同体。开创海陆内外联结、东西双向互济的互利合作新格局，从完善对外开放战略布局、形成对外开放新体制、推进“一带一路”建设、深化内地和港澳以及大陆和台湾地区合作发展、积极参与全球经济治理、积极承担国际责任和义务等方面，实施全方位、多领域、高层次的对外开放战略。贯彻开放发展理念对扶贫攻坚具有直接的实现指导意义，党派、企业、社会组织等多元主体广泛参与，形成专项扶贫、行业扶贫、社会扶贫等多方力量、多种举措相互结合与互为支撑的“三位一体”扶贫模式，并进一步加强与联合国开发计划署、世界卫生组织、亚洲开发银行等国际组织和境外非政府组织的交流合作，发挥国外机构和组织的优势参与我国扶贫开发工作。

共享发展体现出中国特色社会主义制度的优越性，是实现人民幸福的终极归宿。坚持共享发展按照发展为了人民、发展依靠人民、发展成果由

---

① 本书编写组．中国共产党第十八届中共委员会第五次全体会议公报［M］．北京：人民出版社，2015.

人民共享的发展思路，使全体人民在共建共享发展中获得更多利益、服务和机会。通过增加公共服务供给、实施脱贫攻坚工程、提高教育质量、促进就业创业、建立更加公平更可持续的社会保障制度等实现全体人民共同迈入全面小康社会的幸福道路。把增进人民福祉、促进人的全面发展、朝着共同富裕方向稳步前进作为经济发展的出发点和落脚点。共享发展惠及贫困地区、贫困人口，共享社会经济改革发展红利，体现社会公平正义，让人民更有获得感、幸福感。同样，我国扶贫开发的经验举措惠及世界，为全球减贫事业，共建一个没有贫困、共同发展的人类命运共同体贡献了中国力量。

新发展理念立意深远、思想精髓、内容广泛，创新、协调、绿色、开放、共享之间融会贯通、高度耦合协同、互为支撑促进，而各部分又相对独立、各有侧重，形成一个系统整体、逻辑严密的思想体系，为我国未来发展道路指明了方向。脱贫攻坚离不开新发展理念的引领，生态移民必须坚持以新发展理念为思想指导，着力于贫困地区特殊区位、特色资源和生态产业，着力于贫困人口的思想塑造、精准帮扶和能力培育，实现贫困地区、贫困人口的脱贫目标。

三、治理理论

"治理"理念一经提出就迅速成为世界共识，既不片面强调国家的作用，也不膜拜单一的市场，从而使得治理理论超越了国家主义和自由主义的对立，具有极大的理论阐释力。随着治理理念的适用范围和领域不断扩大，治理概念不再模糊不清，治理理论也形成了百家齐鸣的格局。

在罗西瑙看来，治理是一种内涵丰富的现象，它既包括政府机制，同时也包含非正式、非政府的机制，随着治理范围的扩大，各色人等和各类组织得以凭借这些机制满足自身的需要，从而实现各自的意愿。罗茨曾归纳了关于治理的六种形态，即作为最小国家的治理、作为公司治理的治理、作为新公共管理的治理、作为“善治”的治理、作为社会控制系统的治理和作为自组织网络的治理。对于意识形态较为浓厚的治理（国家或政府），与统治存在明显的差异，这些差异包括：政府统治意味着有正式权力支持活动，带有暴力权威的倾向，而治理是有共同目标支持的，不一定需要强制性力量来维持，而且治理是只有被多数人接受才会生效的规则体系，即使没有政府的治理也是可能的。

尽管治理的内涵和使用范围存在诸多差异，给社会实践造成一定的困惑与不解，但仍然可以给出一种总结，那就是：“治理是一种趋势，这一趋势必定意味着国家（政府）—社会关系的调整；调整的目的在于应对原先政治社会格局中的不可治理性；在调整中，政府之外的力量被更多地强调，国家中心的地位可能在一定程度上被国家、社会和市场的新的组合所替代；同时，治理也是对国家—市场两分法的否弃。”① 正如斯托克所说，治理理论的贡献不在于提供一种因果关系层面的分析，也不在于提供纯规范性层面的理论表述，而是旨在能够提供一种有组织的解决方案。他认为，治理指出自政府而又不限于政府的一套社会公共机构和行为者；治理明确指出在为社会和经济问题寻求解答的过程中存在的界限和责任方面的模糊之点；治理理论明确肯定涉及集体行为的各个社会公共机构之间存在着权力依赖；治理指行为者网络的自主自治；办好事情的能力并不在于政府的权力，不在于政府下命令或运用其权威。政府可以运用新的方法和技术来控制和指引②。

斯托克的“五要素”说几乎涵盖了有关治理理论的一系列主张。首先，去中心化。政府的权威性受到挑战，政府在公共行政的核心地位被动摇，中央向地方分权、政府向社会分权成为一种不可逆的趋势。其次，多中心。政府不再是单一的治理主体，个人、机构、组织等都可以参与公共

① 王诗宗．治理理论及其中国适用性［D］．浙江大学，2009.

② 格里·斯托克，华夏风．作为理论的治理：五个论点［J］．国际社会科学杂志（中文版），2019，36（03）：23-32.

事务的治理，政府与其他社会机构或社会组织的协商共治成为一种常态。再次，多层治理与多元工具的并序。治理对象和范围的广泛性超越传统民族国家的界限，可以在全球、地区以及地方等多个层次间进行，并借助于规制、合约、忠诚与信任等不同的工具。最后，政府与公民的角色互动。政府体现在对公民的整合、动员、激励等方面，而公民不再是被动的消费者，而是积极的公共事务参与者，第三部门成为主要的组织载体。

可以说，治理要求权威主体的多元化，使权力运行方向发生了改变，权威基础和性质已经不同于传统的管制和管理，它强调了政府对社会的服务职能，意味着国家权力向社会的回归，增强了政府对公民的回应性。多中心的理念反对权力的过分集中和垄断，主张多中心与服务的并存并构，相比单中心的治理模式，多中心治理更具有许多优势。一是倡导公共事务处理主体与公共产品和服务提供者的多元化；二是强调政府与市场的共同参与和多种治理手段的应用；三是意味着政府新的角色和任务；四是强调了公共决策的民主性和有效性；等等。从治理结构上来说，传统科层制结构存在先天的弊端，精密的专业化分工进一步削弱了政府功能，下级对上级的权威服从丧失了行政官员的责任性，这种层级化的体制更易造成行政效率的低下。但治理主张构建起现代社会网络组织体系在一定程度上可以弥补这些缺陷，因为治理强调政府治理依赖多样化的组织体系，强调公民参与、倡导合作精神。这有助于扩大参与主体，提高社会自治能力，有助于在国家、市场、社会之间形成合理的权力结构关系，促进现代民主的发展，也可以让地方政府制定出更加贴近民众生活的实际政策，提高公共产品和服务质量，满足社会的多样化需要。

但是，治理理论多基于西方历史经验的基础，并不是放诸四海而皆准的普适规则，当治理理论应用到中国的制度环境，必然会遭遇西方范式与中国经验的紧张关系。我国学者俞可平认为，治理的最终目标是实现善治，善治就是使公共利益最大化的社会管理过程。善治的本质特征，就在于它是政府与公民对公共生活的合作管理，是国家与人民的一种新颖关系，是两者的最佳状态。他将善治的基本要素概括为合法性、透明性、责任性、法治、回应、稳定、有效、参与、廉洁和公正①。李景鹏认为中国实现治理还有相当的距离，要实现从传统的政府管理模式向治理模式转变，只能是一个博弈的过程。既包括两者之间的表面博弈，也包括其内部各自的积极力量与消极力量之间的博弈。但仅仅靠政府和公民各自的力量是很难实现的。需要有政府和公民之外的第三种力量的介入，来担负起对双方推动的任务，以便使博弈达到双赢的结局。而这第三种力量就是党的组织，是中国走向“善治”的路径选择。他强调：“党的组织具有最高的政治权威，同时党的组织又拥有巨大的能量，它完全能够实现对博弈的推动和调节。如果党组织能够在这方面发挥作用，必将极大地加快向治理模式转变的进程。”② 不管未来治理如何变换，在构建社会的制度安排和治理模式时，都必须有一个坚实的地基。高小平认为：“治理理论需要确立若干基本原则，依照这些原则，才能实现治理的科学化和现代化。监督、民主、法治就是建设合法化、合理化、有效化治理的三块基石。有监督才能保持廉洁，这是公共组织自身合法性、责任性的基础；有民主才有公民参与，这是公共组织合理性、回应性的基础；有法治才有公共管理的秩序，这是公共组织有效化、高效化的基础。”③

毋庸置疑，治理理论无论从实践层面还是理论层面都有其适用性，使用西式的治理概念来讨论中国的治理问题显然是不合逻辑的，但如果谨慎地规避治理中不合时宜的指向而运用“善治”的概念，可能更适合于我国摆脱西式治理逻辑上的缺陷。同时善治包含了法治、廉洁、公正等内容，也为我们实现善政提供了可能的路径，对构建国家治理体系及治理能力现代化提供了理论基础和实践方向。

---

① 俞可平．治理与善治分析的比较优势［J］．中国行政管理，2001（09）：15-17.

② 李景鹏．中国走向“善治”的路径选择［J］．中国行政管理，2001（09）：15-16.

③ 高小平．实现良好治理的三大基础［J］．中国行政管理，2001（09）：17-21.

第三节 政府与移民："行动-结构"分析框架

无论是从国家视角出发的生态移民政策研究，还是从移民个体出发的生态移民过程研究，都已经为讨论国家（政府）与移民的关系提供了丰富的研究成果。但当前理论界的研究多是在"国家-社会"分析框架下开展，这有助于我们从自上而下的国家权力结构和自下而上的底层叙事讨论生态移民社区治理秩序的生成过程。已有的文献主要致力于单一的自上而下或自下而上的研究路径，很少在统一的分析框架下，就两种路径有机融合进行深入的对比性探讨。这有可能会忽略一些重要问题使政策设计、治理效果等出现明显的差异。笔者从自上而下的国家权力结构和自下而上的底层叙事相结合，讨论生态移民社区基层政府与移民的行动规律和秩序图景，探讨生态移民社区城乡共生发展的秩序空间及社区治理的政治逻辑。有关生态移民的研究文献对社区治理秩序偏重于国家（政府）正式结构的讨论，但忽略了非正式结构中移民作为行动者参与治理秩序的型构，这导致在解释结构与行动的关系上出现分歧，其研究成果呈现出理想化倾向和悲观主义情绪的不同结论。

因此，本研究希望在以下两个方面得到进一步拓展和突破：

一方面，将生态移民社区治理主体（政府）作为行动者进行结构性分析，探讨生态移民社区治理秩序的授权过程，如何将国家意图嵌入地方实践之中的？基层政府在治理行动中面临哪些结构性难题？又是采取哪些行动策略来进行破解秩序困境？按照帕森斯的理解，行动包含了行动者、目的、情境和规范性四个要素，所有行动都必须在规范的范围进行控制。基层政府作为社区治理主体，行动的合法性来源于国家授权，同时在体制框架下又受到来自上级政府的掣肘，但这种掣肘的结果束缚了基层政府的发展活力，当基层政府遭遇地方情境的治理难题，就会采取应变策略以应对紧迫的政治压力。而这种“压力型体制”恰恰是结构性的，各级地方政府为完成上级下达的各项任务指标而不断将任务层层分解，并以此作为政绩评价的管理方式实现对下级的掌控意图。从制度性来说，主要表现在“下管一级”的人事任免制度、“乡财县管”的财政分配制度以及“一票否决”的目标考核制度，从而实现对下级政府的全面掌控。在这种科层制权力结构关系下，下级政府的行动更多表现为对上级政府的依附性和服从性上面，上下级政府之间是一种非均衡的权力关系。但需要考虑的是，下级政府为实现社会经济发展，增加政绩考核砝码，往往将中心任务演变成自利性目标，但这种自利性目标与公共目标之间是不一致的，也可以说两者之间存在结构性矛盾，而下级政府为完成中心任务就需要模糊“条线”秩序，通过索取或捆绑打包各类资源来实现目标预设。

另一方面，将生态移民社区参与主体（移民）作为行动者进行非结构性分析，探讨移民在搬迁过程和搬迁后遭遇到的现实情境，如何在利益分殊中建构起与政府博弈的场域？移民采取了哪些行动来回应政府的社区治理？又是作出怎样的理性选择面对发展的困境？村民自治制度改变了原有高度一元化的村庄公共权力结构，使村庄治理从权威型村民自治向代表型村民自治转变，让村民在村庄公共事务管理中实现民主选举、民主决策、民主管理、民主监督，村庄内部的重大事项必须通过村民集体表决来进行，以充分体现村民的民主权利和利益偏好。但在理想状态与现实情境的村庄政治中，村民的“无政治阶层”明显导致村庄事务的参与不足，民主决策实际集中在“乡村精英”之中，“少数服从多数”的原则演变成“多数原则下的多数劣势”，村庄精英集团与政府的“共谋”使项目决策不是以人数多寡来表决，而是以至高法则的话语体系来解构村民意愿，村民分散的原子化和无组织化状态很难与高度组织化的利益集团形成均衡的博弈力量，只能在以讲究人情面子的乡村秩序中用个体行动来含糊表达、理性回应并作出不确定性选择。而这种不确定性选择来源于移民内外部和市场的利益关系，“生存安全”是移民搬迁后的首要原则，并以此增强话语权获得政府对自我利益的支持。

本研究将生态移民社区治理主体（政府）和参与主体（移民）作为行动者，试图超越基于个案研究特殊化的案例情境，而跳出符号化和形式化的治理过程研究。从自下而上的视角探讨村庄权力秩序、资源分配秩序和村庄经济秩序，再从自上而下的视角透视政府权力秩序、资源分配秩序和规划下的经济秩序，将治理主体和参与主体的“行动”联结起来，通过“朝上看”和“朝下看”揭示两者之间的互动关系以及所形成的“外嵌内治”和“内嵌外治”的治理困境。同时，再以原村庄和新社区为行动场域的各方行动过程进行结构性分析：从纵向看，包含了国家（政府）自上而下的正式结构和移民内部的非正式结构；从横向看，则包含了移民内外部私性关系结构和市场利益关系结构。不管是政府行动者还是移民行动者，都受到这双重结构的影响和制约，行动者位于结构之中，行动者的行动赋予结构以意义，而结构影响行动者，为行动者的行动提供条件。

行动层面包括了行动者和行动场域。行动者指生态移民社区治理主体（政府）和参与主体（移民）。治理主体既包含中央政府也包含地方政府，中央政府代表国家意志对政策实施进行整体规划和制度输出，地方政府作为“委托-代理”者负责政策实施，本研究将更侧重于具体政策执行的县、乡级政府。生态移民社区参与主体众多，有民间组织、新闻媒体、移民以及研究机构和个人等，由于移民是参与生态移民社区治理秩序的主要对象，而本研究重点考察生态移民社区治理秩序生成过程中的实施者与受施者的行动、结构和互动关系，因此，将政策参与主体仅限定在移民个体的范围，但这并不表明其他参与主体的非重要性，而是从行动者本身与治理秩序生成过程的紧密程度、影响大小和中心作用等角度来考虑取舍以契合研究目标的实现。

在本研究中将结构分成正式结构和非正式结构，各级政府是科层制下的正式结构，但在具体的实践中，这种结构并不是绝对的，基层政府特别是县乡级政府之间，乡级政府为获取资源，常常会打破这种结构，利用私性关系或利益关系来获得县级政府的支持，因为按正常或正规的程序反而会增加运作成本，越是靠近乡村社会的政府受乡村礼治的影响越大，人情面子有时甚至超越了规则的执行尺度。社区移民是体制外的非正式结构，这里的移民指所有生态移民搬迁对象的群体，也包含了基层组织中的“村支两委”，而“村支两委”又常常被视为是国家权力的延伸，被纳入正式结构之中，同样，移民也存在来自家族内部、外界群体和政府之间的私性关系和利益关系。因此，本研究对结构的划分只是一种理想型的划分方法，事实上在生态移民社区治理秩序生成过程中，很难将这些正式结构和非正式结构完全地剥离开来，而是根据不同的情境对描述对象进行具体的分析。

总之，本研究将自上而下的结构视角和自下而上的底层叙事融合起来，把治理主体（政府）和参与主体（移民）作为生态移民社区治理秩序的行动者，通过“行动-结构”的分析框架，旨在关注政府和移民作为不同行动者在生态移民社区治理秩序中的互动关系，考察在原村庄场域和新社区场域中呈现的秩序图景和治理困境，从而提出“互嵌共治”的治理路径，探讨“五位一体”共生秩序的理论建构。

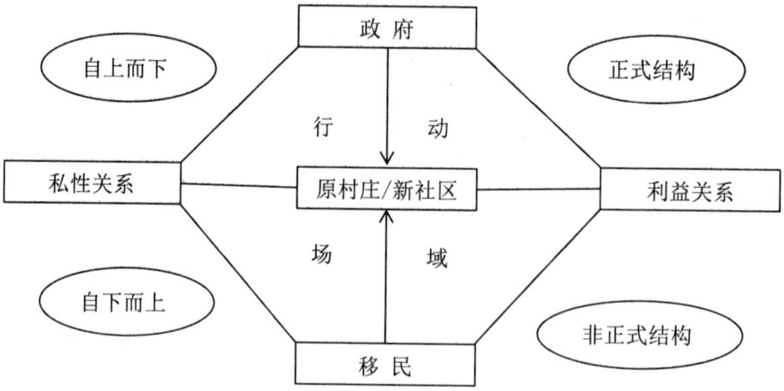

图 1-1 “行动-结构”分析框架图

第二章　生态移民社区的过往与现在

生态移民社区是政府主导下形成的新型城乡社区，本章重点对生态移民社区的形成过程作简要的背景概述。迁出村落是一个少数民族聚居的村庄，人口构成相对单一，传统文化习俗浓郁，生态资源丰富，传统生计以种养业、手工业为主。随着生态移民政策的实施，政策话语重构了村庄的秩序空间，政府外部力量与村庄内部力量相互抵牾。政府通过情境空间的建构、政策话语的宣传、特殊群体的示范、强弱力量的比对等策略，以实现政策的顺利实施，而在注重人情面子、乡梓情谊的“熟人社会”，村民只能用传统地方性知识来表达自己的态度。移民搬迁新的社区后，生产生活方式骤然转变，社会关系出现分化，原来朴素的价值观念发生了变化，对未来的生计空间充满了焦虑。出于生存发展需要，移民开启了原村庄与新社区之间“摆动模式”的生产生活方式，形成了两个不同的秩序空间，给政府治理带来了新的挑战。

第一节　迁出村落的基本概况

D 村是贵阳市 X 县 Z 镇管辖的一个行政村，位于 Z 镇东部，距离小镇 6.8 千米，距离县城 27 千米。面积约 5 平方千米，耕地面积 2180.5 亩。D 村四面环山，盛产杜仲、灵芝、天麻等药材，素有“黔中药谷”的美誉。

村内拥有 2 条河流和 1 座水库，水利资源丰富。村民以仡佬族人口为主，少数民族风情浓郁，热情好客，纯朴善良。民居依山傍水，极富民族特色。

一、人口构成

根据镇派出所户籍管理办的数据，D 村现有户数 524 户，1558 人，男女结构比较均衡，男性 872 人，占 56%，女性 686 人，占 44%。从年龄结构看，平均年龄为 37.7 岁，其中 15～29 岁的低龄劳动力人口占 19.2%；30～45 岁的中龄劳动力人口占 39.7%；46～59 岁的高龄劳动力人口占 20.4%；60 岁及以上老人占 12.6%。中龄劳动力人口基本与低龄和高龄劳动力人口持平，但从总体而言，D 村的老龄化现象还是很严重，按国际上人口老龄化标准，老龄人口要高出国际标准 2.6 个百分点。从民族构成看，仡佬族人口占 79.1%，其他少数民族人口占 9.3%，汉族人口占 11.6%，仡佬族人口在全村的比例大，其他少数民族和汉族多是娶来的媳妇或上门女婿，但也有一些个别的历史原因，在登记民族时出现隐瞒或错报。从受教育程度看，完全不识字的文盲主要集中在老年人和村里的 2 个聋哑人，占 0.08%；半文盲和具有小学文化程度的占 42.3%；具有初中文化程度的占 37.9%；高中（或相当于高中文化程度的中师和中专等）及高中以上文化程度的占 19.72%。由于数据来源是以户籍所在地为基准，虽然许多具有较高文化水平的年轻人大部分以入学的方式将户口转移出去，但全村整体的受教育程度集中在小学和初中仍然具有统计意义。

事实上，派出所数据和村里实际生活的人口数量存在很大出入。根据村委的统计①，2012 年生活在 D 村的仅仅有 221 户，746 人，70%以上的青壮年外出务工，留守在家的以老人和儿童居多。村委统计数据与

---

① 2012 年确定 D 村实施生态移民，为了摸清全村的准确户数和人数，村委按照镇政府的要求，详细地对 D 村进行了人口统计，但排除了一些具体的情形。如已经在外购房户口未迁出的，已经考入大学户口未迁出的，已经死亡未销户的，等等。

“官方”数据之所以相差如此之大，主要原因在于派出所户籍办以户口迁入和迁出作为人口统计的基础，而人口流动不能反映出来。另一个原因在于与户籍制度紧密相关的国家惠农政策，比如退耕还林、粮种补贴等，均以户为单位根据面积进行补偿，对于搬迁的生态移民户，则按每户人数具体落实生态移民补偿款。如此等等，莫不与户籍紧紧挂钩。因此，D 村很大一部分家庭都是户籍在当地而人不在本村，人户分离的现象极其严重。

二、文化习俗

D 村仡佬族的文化习俗在婚嫁丧葬、宗教信仰等方面形成了一套约定俗成的风尚礼仪和行为规范，从某些方面反映了这一仡佬族群体特有的价值观念、民族文化以及个性特征。

历史上，D 村的丁姓和李姓两大族姓相互通婚。受封建思想的影响，中华人民共和国成立之前，指腹为婚、娃娃亲、表兄妹、堂姐弟等“开亲”较为常见，认为是“亲上加亲”“肥水不流外人田”，这可能与仡佬族人流传下来的神话传说存在某种联系，体现出比较原始的亲缘婚育观。D 村仡佬族人对自然界的神奇力量有着虔诚的崇拜，一些自然现象被认为是天上的神灵所主宰。每逢干旱会向山神求雨，久遇洪水会进寺庙祈福，家有厄运也会请神作坛，驱邪避祸。他们对树木有着天然的敬畏，小孩折树枝会被大人吓唬说会遭雷劈，村里的古香樟树是全村人的共同信仰，但凡祭祀活动，都会在这里举行。同时，这里也是诅咒、许愿的场所。“冲傩”是仡佬族充满原始宗教色彩的文化活动，其主要目的是驱鬼逐疫、消灾纳吉。D 村的仡佬族人也信奉佛教，在原村委会后山有一座寺庙。根据墙砖上的刻字记载，该庙宇为皇庙，由乾隆下令拨款修建，始建于乾隆三十二年（1767 年）九月。原来庙宇规模宏大，结构复杂，整座建筑分为三部分，正殿、三观楼、厢房，结构非常完整。“文化大革命”时期，这一金碧辉煌、庄严肃穆的寺庙毁于一旦。现在已是残垣断壁、破败不堪，仅剩一排厢房（1982年重建后的建筑）。

D村仡佬族的社会习俗作为一个少数民族族群的行为共守模式，是我国传统民族文化的重要组成部分，对身份识别和民族认同具有重要影响，保护和传承好这些风俗习惯对繁荣和发展好民族文化具有同等的重要意义。同时，一个民族文化的繁荣也需要随着时代的发展而不断变革，这对民族融合与民族团结、构建和谐的民族共同体意义深远。受现代思维的影响，D村仡佬族的许多社会习俗变得更加仪式化，反而缺少了鲜活的、独具魅力的少数民族文化内涵，比如“哭嫁”“对山歌”“仡佬民居”等已经不复存在，特别是本民族的一些重要节庆活动变得更加平淡。移民搬迁到新的社区后，一方面缺乏必要的环境基础而使活动显得更加形式主义；另一方面在以汉族人口为主体的文化包围下，往往被贴上“有色”的标签而被“排斥”和“挤压”。

三、资源禀赋

（一）气候条件

D村海拔高度在1000米左右，属于亚热带湿润温和型气候，全年平均气温16.4℃，年平均相对湿度为78%，年平均降水量1046毫米，年平均日照时数为1140小时。四季分明，冬暖夏凉。春季雨水充沛，早晚温差较大，平均气温17.5℃。夏无酷暑，持续时间长，最高温度在26~28℃，雨水量大，“天无三日晴”，夜间降水量占全年降水量的70%。秋季历时较短，仅65天，以阴雨天为主，平均气温在14℃左右。冬无严寒，最冷时间在1月中旬，平均气温4.6℃，降雪日数少，潮湿，风量大，易形成凝冻天气。

温和的气候条件适宜水稻种植。开春回暖快，利于水稻胚芽发育，夏天雨水丰富，利于秧苗生长，光照时间长，利于成熟结籽。D村水稻属于单季稻，清明前播种，4月底5月初移栽，9月至10月收割。因地瘠田薄，喜善种植“岗优”和“籼优”两种杂交水稻，虽黏性较差，但单位产量高。水稻是村民最重要的口粮，田多人口少的家户，能保证家庭生活无忧，并有少量节余，但田少人口多的家户，则可能需用玉米、土豆辅之。

凉爽的气候吸收了大量外地游客前来避暑。近几年，随着乡村振兴战略实施，当地政府积极发展旅游经济，打造精品乡村休闲度假旅游和民俗文化旅游，将D村生态、旅游、巩固脱贫等结合起来，帮助迁居的D村移民增收致富。

（二）自然环境

仡佬族人历史上长期生活在较为偏远的深石山区，以农耕为主。俗谓“高山苗、水侗家、仡佬住在石旮旯”，仡佬族聚居之地，大多交通不便，地少土瘠，生存条件极其艰苦。

D村以前曾有一大片森林，野兽众多，家家户户都有猎枪，每年冬季会组织身强力壮的村民进山打猎，回来后大摆长桌宴“庆生”[①]。“大跃进”时期，镇林业站成立伐木队，将山上的树全砍光了。村里的一些老人对以前森林被破坏感到惋惜，但经过十多年退耕还林建设，当前的生态环境得到了极大的改观。一般认为生态破坏与人的活动有关，是人对物质生活资料的需要而不断加大对自然资源的索取，就如人口众多需要开辟新的荒地，房屋修建需要砍伐大量林木，烧火取暖也需要砍柴制炭等。但在仡佬族人的生活模式中，森林是他们生命得以延续的资源，有一套自我保护的地方性知识。比如荒地不会开垦在林子里，野兽会来吃庄稼，建房屋用的木料都是自家的山林（仡佬族人都喜种杉木、香樟，是建房、制家具的

① 庆生，一种古老的祭祀活动。将动物的头、皮毛、四肢等作供品，由祭祀师烧钱化纸、默念咒语，祈祷神灵保护村民安危，野兽不践踏庄稼。

上乘木材），烧柴煮饭、烤炭取暖都是枝丫树叶、草团秸秆，不用上山砍柴破坏林木。

外部的眼光总是会带着自己的主观思想去考虑问题，而忽略了根植于他们内心真实的想法。仡佬族人对森林有着深深的依恋和情感，当与他们生活得更久一些，对他们的生活态度的理解就更深一些。在村头有一棵巨大的香樟树，具体的树龄已无从知晓，据说有几百年，也有说一千多年，至少要六个成年男子才能合围，现依然生长茂盛，冠如大伞，被 D 村的人视为“神树”，成为人们的精神图腾。村里至今还保留着给树“喂饭”①的习俗，每逢春节，各家备酒水、饭菜、红纸等相约上山，给树木松土除草。这些都反映了仡佬族人崇尚自然，对树木有着天然的敬畏之心，对赖之以生存的资源有自己一套独特的知识系统，这是根植于他们心灵深处原始的生态保护思想。

（三）水利资源

D 村全年降雨量大，水利资源非常丰富。由东向西有溪，由南向北有河，在群山之间还有许多分流的小沟，最后汇合于 D 村河坝。

D 村有一个独特的山洞，洞里长年累月流出清澈透明的河水，自山上急驰而下，蔚为壮观。河里生长着一种比较独特的鱼种，呈扁平状，腹鳍吸附于水流湍急的砾石上，形态可爱，味道鲜美，村民称为“石爬鱼”②。现已有当地村民因地制宜进行水产养殖，主要是中华鲟、三文鱼、小龙虾和大闸蟹等。山洞流出的河水不仅用于水产养殖，同时也灌溉着两岸的大片梯田。水流至大坝，则与由南向北的小河汇聚。由于水流量较大，村民

---

① 第一个人用砍柴刀在树上连续砍三刀，第二个人将准备好的食物放在刀口中，第三个人用红纸封住，其余人开始给树木松土除草。针对不同的树，边砍边问边答，如砍果树时，会问“今年结不结？”答“结！”问“甜不甜？”答“甜！”，或者边砍边念“喂你饭，结串串，喂你肉，结簇簇。”意寓来年丰盛。

② 查询相关资料，实为“吸鳅”，我国特有鱼种，平鳍鳅科华吸鳅属的鱼类，以石藻为食，生存条件较为苛刻，需要清洁的水质和高氧的环境，温度高于 18℃极易死亡。

在 1962 年修建了一条宽约 1 米、长约 4 千米的堰渠，利用水位落差进行发电，D 村是当时全镇最早使用电灯照明的村庄，现已承包给企业进行水电开发。

水电站的水利用后又会重新汇入河道，河道下方便是一条长长的峡谷，峡谷两岸是险峻巍峨的山峰，在这些崇山峻岭之间生长着丰富的名贵药材，比如天麻、杜仲、党参、灵芝等。根据《X 县志》记载，1983 年到 1987 年第三次全国中药资源普查时，已发现 D 村峡谷中药材多达 2780 种，蕴藏量达 465 万吨，其中重点品种有 176 种，占全国重点品种的 48.5%。据村民讲，封山育林以前，村民的一部分收入就是依靠山谷里的药材，清早坐竹筏进入峡谷，直到下午再逆流而上回来，药材晒干后拿到集镇上卖掉，但采摘药材非常危险，经常会遇到毒蛇、野猪等凶猛动物。

四、传统生计

D 村仡佬族人的生活方式呈现出多元性的特点，贫穷与富庶、先进与落后并存，这由 D 村的地理区位因素在历史变迁中所形成，既有封闭稳定的一面，也有开放变化的一面。总体而言，D 村的传统生计仍然是以农业经济为主。

处于传统的仡佬族人，一直过着定居的生活，《史记 · 货殖列传》曾载："地广人稀，饭稻羹鱼，或火耕而水耨，果子蓏蠃蛤，不待贾而足，地势饶，食无饥馑之患，以故呰窳，偷生无聚，而多贫是故。"《黔南识略》也载："农事，各视其所居地，以勤力作。有田之户，清明播种，铧焉，犁焉。自一至再，或低水可戽，或他水可决，均属上田。余惟恃雨以治。五六两月，雨日炀时若，则有年矣。垦田，随山势高下，或斜而长，或环而曲，故不可以亩计，宋人所谓梯田者是。惟稍平处，略阡陌焉。若小农，则锄戴石之土，杂种高粱、粟谷、毛稗。尤恃番薯，以给朝夕，油桐、乌桕，实可压油，则落其实而货之。收获后，稻秆储以喂牛，他秆代薪。生计颇为瘠薄。殷富田足，可拾佃者，沃田认租，先有常额。瘠田必须粪治，不给则以宿草踏田，俟其腐以代之。近今多取实枯饼，碾和柴灰，壅稻根，以状地力。……”这些描述都反映在D村仡佬族人的传统农耕生活之中。

农业种植是D村的主要产业，当年，在“以粮为纲”的生计策略下，水稻、玉米、薯类等农作物是主产品。D村水源富足，易于灌溉，沿河两岸均是大片稻田。除留足口粮外，稍有节余，多会去集镇售卖交易，其糠秕还可作饲养家畜的饲料，收割后的稻草亦干贮后供牛马越冬之用。玉米种植较为普遍，因山坡地陡，土质贫瘠，凡一切可利用的方寸之地都会栽种。贫困之家，尽量将玉米与大米混合煮食，然后将剩余的玉米作为饲料，或者用于制糖和酿酒，其晒干后的秸秆则代充柴薪。薯类作物一般在冬春两季种植，主要是红薯和马铃薯，不仅是贫苦人家的补充主粮，其薯叶、根茎等也用于饲养的牲畜。除此之外，粮食作物还有豆类、高粱、小麦等，传统的经济作物则是油菜、烤烟、茶叶、油桐、生漆，等等。

养殖业是D村的又一传统生计，多养鸡、鸭、猪、牛、羊等，部分仡佬族家庭还养蜂或蚕。在小农经济社会中，这些牲畜都会物尽其用，除自食油肉外，其他都会拿去交易变换成流通货币，成为家庭收入的重要来源，但由于周期长，且饲养的家畜也需要足够的粮食作支撑，一般家庭都不会大量养殖，其收入也极其有限。但改革开放后，随着商品经济时代的到来，D村的一些仡佬族人抓住时机，成为当地比较富裕的家庭。

除传统的种养殖谋求生计外，村里还延续一些比较古老的手工业补贴家用，这与仡佬族人的日常生活息息相关，一些稍年长的人都曾经是木匠、石匠、铁匠、篾匠或漆匠。村寨里的生产生活用品大多出自他们之手，其中不乏技艺精湛的物品，工艺水平可见一斑。另外还有诸如织麻、纺棉、造纸等原始的手工加工业，作为营生和增加财源的本领。虽然D村仡佬族能工巧匠较多，但随着工业化时代的到来，传统手工业制作技艺已经逐渐流失或被高科技手段所代替。

总体而言，D村仡佬族人长期依附于土地实行自耕自种、自给自足的小农经济生产方式。由于地处山区，土地面积有限，人均耕地占有量较少，难以实现机械化、规模化作业，投入的劳动强度大，但生产效率和效益却并不高。对于养殖业，多数仡佬族人仅仅是把它当成生活必需的补充，市场化程度极低，商贸流通较少，这也使得大部分人收入来源仍局限在简单的农业劳作中，贫困的发生在所难免。从20世纪90年代，随着务工潮的兴起，越来越多的仡佬人开始外出务工谋业，家庭经济收入不断提高，生活水平得到极大的改善，一些经济条件相对较好的村民逐渐向集镇或县城举家迁移。所以，在生态移民政策实施之前，实际上大部分仍生活在D村的仡佬人确实是相对贫困的。

第二节　生态移民的搬迁过程

生态移民最早源于西部大开发战略，随着“精准扶贫”思想的提出以及脱贫攻坚战的实施，D村获得了生态移民项目的发展机会。外部力量的介入打破了村庄内生秩序，政府通过政策动员以及情境建构，使生态移民搬迁得以顺利进行。但受政策设计的限制，利益分化导致移民心生不满，碍于传统礼制的人情规则，利益受损者以“弱者武器”“隐藏文本”的方式来表达自己的不公正对待。

一、迁出村落政策背景

D村是第一批获得生态移民政策支持的搬迁项目。2012年2月底，根据省委、省政府开展扶贫生态移民的文件精神，县政府组织召开专题会议，要求各镇规划生态移民搬迁安置点及安置人数。恰逢此时，Z镇正开发梨子坝地块结合新农村建设，加快城镇化发展的步伐。文件下发后，镇政府顺理成章将梨子坝地块作为生态移民的安置点，并上报县政府获得批复。从关于此次生态移民的文件看，移民搬迁的目的有两个：一是通过搬迁让贫困家庭摆脱贫困；二是通过搬迁使生态环境得以修复。因此，围绕这两个目的，镇政府组织各村委召开了会议，听取各村的具体村情村貌，初步确定为D村。项目的“抓包”存在很大的竞争性，各村都希望能够成为搬迁的对象，但最终确定D村主要有三个原因：一是D村相较于其他村贫困人口的比重较大；二是D村距离中心镇较远，交通条件有限；三是D村是少数民族聚居村，应该优先照顾。

之所以D村要实施生态移民搬迁，最主要的原因还是在于将贫困人口数量的多少作为搬迁指标的衡量标准。如果仅仅是因为贫困的搬迁，可以视为扶贫性质的反贫困政策，属于“生存性移民”，但为了符合上级文件的精神，改善生态环境仍然是“生态移民”政策目标之一。其实就生态而言，D村的生态环境是比较好的，只是与以前相比有所退化，但这归结于“大跃进”时期森林被大量砍伐以及1982年曾发生的一次森林火灾所造成的。不管怎么说，虽然镇政府确定D村搬迁是因为贫困问题，但打报告的时候仍然与上级政府政策文件的行文保持了一致，简短地提到D村生态环境的问题。

事实上，镇政府也有其他方面的考虑，那就是镇政府没有财权，全镇的建设和发展，几乎都要靠项目来推进，生态移民项目恰好为梨子坝地块的开发提供了条件。对于县、镇两级政府来说，生态移民属于政治任务，即使存在诸多困难，也是必须要克服困难完成的。镇长曾说：“镇政府的财权在农村综合税费改革后就被上级收走了，所有乡镇都完全靠县财政拨款，但是所管辖的事只多不少，上级每年都会压各种各样的任务下来，不得不去完成，完成不了说明你不称职，没有能力，这个乌纱帽就不要想保住了。但认真贯彻执行，没有钱很难推动，所以要不停地跑关系拿项目，通过其他项目来缓解资金的压力。”[①] 除了镇政府基层干部的抱怨外，县政府也是一肚子苦水，某位主管财政的领导干部说：“生态移民项目是上面指派的任务，每一年都要完成具体的指标，县财政也非常困难，很难按政策规定匹配相应的资金，所以很多事情都是让下面镇政府自己想办法。”[②]

因此，对于D村实施生态移民政策的具体原因，可以说是多方面促成的。首先，D村确实经济生活条件相对落后，至今仍保留传统的生产劳作方式，生产效益和经济效益都很低。再加之地理位置偏远，公共服务设施难以全面延伸，全村没有卫生所，仅有一位懂点中草药的赤脚医生，道路没有硬化，从镇到村超过一半以上的里程均是土路。从D村的整体发展考虑，实施生态移民政策可以摆脱当地艰苦的生存环境，实现“跨越式”发展。其次，D村是为数不多的少数民族聚居比较集中的民族村落，在非少数民族地区为少数民族申请生态移民项目获批的概率更高，同时，在许多地方官员固有的思想观念中，大多数少数民族都比较“野蛮”，难以管理，通过搬迁到镇里管辖，能够逐步实现同化，减少社会治理的成本。最后，生态移民是“以政治任务为中心”的国家承诺，生态治理属于软指标，扶贫脱贫属于硬指标，关系到基层政府官员的政绩考核，在科层体制之内，具有自上而下的层级委托式代理特点，上级政府对下级政府的目标实现往往注重于“结果”而非“过程”。因此，生态治理被让渡于扶贫脱贫，使“以政治任务为中心”转移到“以扶贫脱贫为手段”的话语场域中。从这个角度讲，D村生态移民只能算“生存式生态移民”，之所以没有抛开“生态”的表达，更多的可能是存在“生态治理与贫困治理”的话语同构性。

二、生态移民政策动员

村民自治制度是村民通过“民主选举、民主决策、民主管理、民主监

① 资料来源于访谈记录，FT20131009HZ.

② 资料来源于访谈记录，FT20131012GTP.

督”的形式行使民主权利处理村庄公共事务，实现“自我管理、自我教育、自我服务”的一项基本社会政治制度。《中华人民共和国村民委员会组织法》规定，凡涉及村民利益的，必须经村民会议讨论决定。随着村委选举、村务公开等村庄内部的制度支持，村民已经日益认识到民主权利和监督管理的“权力”价值，特别是一些村庄精英已经能够熟练地掌握一套运用民主规则和谈判技巧来提高利益争取的博弈砝码。在中国乡村社会中，村庄的基层组织是一种比较特殊的管辖机构，既是让村民充分行使民主权利的群众组织，又是国家权力的“末梢神经”，这些权力代表着国家意志，使权威性和合法性得到一致同意，在政策执行中，掌握这些权力的精英享有极大的话语空间。

在移民追求公开透明、公正民主的村治环境下，“国家政策”“政府决定”“顾全大局”等一系列话语体系被镇政府抽象为政策执行法则来引导移民搬迁。虽然各级政府都特别重视“充分尊重群众意见，自愿搬迁”，但在政府主导下的生态移民整村搬迁中，为达标完成搬迁任务，被政策行动者以党和政府的名义强调“绝不抛弃一人、绝不留下一户”。在民主决策的过程中，政策行动者以讲民主集中制下的“集中”来回应移民对搬迁的疑问，这种方式是基层干部长期以来运用国家制度话语建构“集中指导下的民主”规则，来宣传动员国家政策和决策村庄事务的本土策略。我们可以从以下对话中窥其行动者的动员逻辑。

镇长HZ①：习近平总书记要求我们在新时期内把脱贫攻坚当作头等大事来抓，党中央和省政府专门针对贫困村出台生态移民政策，国家给钱，政府修房，这是天大的好事啊。为了让大家都过上好日子，乡亲们要积极响应国家政策，配合政府做好搬迁工作，争取早日脱贫致富。

村民委员会主任（以下简称“村主任”）DF：搬迁关系到每个人的利益，工作组下来就是要听大家的意见，有什么想法都可以说说，表表态。

① 按照学术惯例，文中所涉及的人名均作技术处理，以姓名全名的首字母代替。

村民 DZX：国家出钱，政府修房，怕不会有这么好的事哟，到时候土地收了，我们喝西北风啊。

村民 LLN：我们说了有什么用，还不是你们当官的说了算，明面上要征求我们意见，实际上哪次开会不是该怎么办还是怎么办。

镇长 HZ：话不能这样说，生态移民搬迁是按中央的政策规定办，中央提倡要讲民主，由大家说了算，但民主下面更要讲究集中嘛，是集中指导下的民主……

村民 HXL：关键是我们搬过去后怎么生活？

村民 DJ：解决工作哪里会轮到我们？除非公平公正地每家人都解决还差不多。

村主任 DF：大家要相信中央、相信政府，顾全大局，不要因为个别人影响到整村的发展，特别是村里的党员要起到带头作用。①

移民搬迁的话题讨论持续了很长时间，但移民并不关心搬迁的具体方案，而是对规则制定的详细琢磨，因为移民很清楚规则对维护自身利益的重要性，但规则的运作权力握在政府手中，移民更多地表现出“胳膊扭不过大腿”的深深无力感。而政策宣传动员的行动者恰恰抓住移民的这种弱势思维，从宏观的、抽象的国家层面强化规则的不可抗性，引导移民的服从和选择。

在传统的乡土文化网络当中，村庄权力体系是一个高度组织化的权力网络，村干部集团拥有在信息资源、社会资源以及政治资源等方面的组织优势，上有政府支持，下有人脉，形成了村庄内部强势的利益组织群体。相较于村干部，普通移民群体则很难形成“意见领袖”，多处于“一盘散沙”的原子化状态，而个体行动容易得罪村干部，这种“枪打出头鸟”的风险成本和“吃力不讨好”的行动成本往往导致普通移民个体纷纷选择放弃抵抗，何况人情面子在村庄场域作为人际关系维系的惯行规则多少会影

① 对话资料来源于工作笔记，有适当增删，但忠实于原记录，RZ20130921.

响他们的选择行为，也就形成了奥尔森所谓的多数原则下的多数劣势。

普沃斯基认为："民主是一种处理冲突的制度，其结果由参与方的所作所为决定，但任何单一的力量绝对控制不了。任何竞争中的政治力量都无法知道冲突的结果，因为他们的行动影响也取决于其他方的行动，他们充满变数，不可预期。因此，从参与各方来看，结果都是不确定的。民主似乎是这样一种制度，在此制度下，每一个人都做他认为是最佳的事情，然后投出骰子看最终的结果。因为民主是一种分散的决策行为体制，而知识的作用范围肯定是有限的，所以结果总是不确定的。"① 按照普沃斯基的逻辑，很显然如果按照民主程序进行，移民搬迁的意见征求可能将面临一个无法预知或者无法控制的不确定性结果，这种不确定性结果最终会影响到生态移民政策的顺利实施。因此，不管是政府还是村干部，必须牢牢掌控民主决策程序上的主动权，使移民的意见在可控的范围内按事先预知的计划行动。

村主任 DF：在私底下还是要摸摸底，晓得哪些人同意哪些人不同意，把不同意的人要分开，坐在一堆难免会一起起哄，场面就不好控制。与选举匿名投票不同，举手表决最容易一致同意，谁举手了谁没有举手都看得很清楚，有些人碍于情面，本来不想同意的都把手举起来了，即使有不同意的，反正少数服从多数，到最后结果都一样。②

村民会议是民主决策的公共空间，也是村民利益表达的正式场所，虽然大家对搬迁的形势已经心知肚明，但不到最后谁也无法保证最终的决策结果。镇政府为避免夜长梦多，也为了及时地将政府意志贯穿于决策始终，当天下午就召开了村民大会。作为政策的行动者，也是国家的代言人，这当中不仅要深谙正式权力的运作规则，而且也要是私性关系的处理高手，能够将两套权力技术运用得炉火纯青，通过会议议程、座次安排、发言先后、代表讨论、表决方式等情境构建，不断争取话语主导权，以进

① ［美］亚当·普沃斯基．民主与市场——东欧与拉丁美洲的政治经济改革［M］．包雅钧，等，译．北京：北京大学出版社，2005：36.

② 资料来源于访谈记录，FT20130923DF.

一步引导移民的行动选择，达到“一致通过”的目的。根据一位镇领导的描述和资料显示，可以再现当时动员搬迁的场景：

村民大会是在村委会大坝子进行的，两张桌子组成主席台，下面是一排排整齐的条凳。镇党委书记和一位副镇长出席会议，村党支部书记（以下简称“村支书”）和村主任分坐两头，旁边是单独用支架支撑起的一个话筒。村委会其他成员被分散到会场的各个角落，寨佬、“刺头儿”、村庄精英等安排到前排中位就座。虽然准备得很仓促，但整个会议安排得非常紧凑和巧妙。议程的内容包括：（1）村支书主持会议；（2）镇党委书记作总动员；（3）副镇长传达县政府有关生态移民政策的重要精神；（4）村主任宣读生态移民搬迁方案；（5）村民代表发言；（6）全体村民举手表决；（7）村主任当场宣布表决结果；（8）镇党委书记作总结。

从镇政府及村干部精心安排中可以清晰地看到，会议现场对民主决策情境的建构过程。政府领导的现场指导和村“两委”的悉数出席形成了强大的政治动员集团，单独的发言讲台在众目睽睽的压力下减少了自由讨论的行动空间，村委成员分配到村民之中发挥了强有力的监督作用，使公共意见碍于人情伦理而选择沉默与顺从，对“特殊照顾”的村庄精英和非精英群体的座次安排也使他们在“地位优越感”中一致通过“顾全大局”的英雄主义情怀，举手表决的民主决策机制让受乡村情面规则束缚的村民，在严肃政治氛围笼罩下让自己跟随大溜行动。在整个政府与移民的博弈场域，情境空间的建构、政策话语的宣讲、特殊群体的示范、强弱力量的比对等策略，不断破防村民的心理活动并作出行为选择，举手“一致通过”的表决结果自然顺利落幕。

三、地方性知识的显现

费孝通先生认为，中国社会是乡土社会。土地是农民的命根，失去土地也就意味着失去了生活的保障，农民对土地有着天然的依附性，所以，在以农为生的乡村社会中，定居是常态，迁居是“变态”。生态移民政策的实施无疑完全打乱了乡村的社会结构，要让“以土地为保障”的乡下人转型到“以就业换保障”的城市人，村民的生活方式将发生颠覆性的变化，这多少让大家心里没有底，以至于总是用各种理由以不合作的姿态来阻挠政府的行动。但深植于乡村情面伦理规则的约束和法理层面的畏惧，村民把个人利益的合理化和公平感通过“弱者的武器”① 表达出来。

从镇政府关于生态移民搬迁的政策看，主要包括了六个方面的内容：第一，搬迁方式实行整村搬迁，不留户、不留人；第二，安置房建设分统建和自建，统建由政府统一规划、统一建设，分配给低保户、特困户、五保户等困难群众，自建由政府统一规划、移民自主建设，分配给经济条件较好、家庭人口较多的群众；第三，住房面积控制。统建房住房面积按人均15~20平方米、户均80~120平方米的标准建设，自建房最高不超过6层，房屋设计与统建房保持一致，体现黔中建筑特色；第四，补助标准。安置房按人均1.2万元进行补助，拆除原宅基地按300~400元/平方米的幅度补偿，原有土地承包经营权由村集体统一转包、出租或转让，所得收益归移民所有，原有各项支农惠农补贴和退耕还林政策继续享受；第五，就业培训。政府组织青壮年劳动力外出务工就业，或开展职业技术培训，子女初中毕业未考入高中、高中毕业未考入大学的，推荐进入职业学校免费享受两年的职业技能教育培训；第六，原有的最低生活保障、医疗救助、新农合补助、养老保险等政策仍然保持不变，如果有需要转为居民户口的，与城镇居民享受同等教育、医疗、养老等社会保障政策。

仅从政策的内容来说，无疑是一项利好政策，但问题的焦点在于整村搬迁的绝对化、统建与自建的区分、住房面积的标准控制。涉及移民利益最核心的问题是住房分配，由于政府仅拿出60户统建指标，也就意味着有

① ［美］詹姆斯·C. 斯科特. 弱者的武器［M］. 郑广怀，等，译. 北京：译林出版社，2011：87.

73%的家庭需要自筹经费建房，即使加上政府的相关补助，自建户也难以承受建房成本。由于统建与自建指标的严重不均衡导致移民极为抵触，而此时村庄精英开始浮现，他们利用自己的各种资源优势来获取统建指标的资格。随着为数不多的统建指标被分配完毕，也压倒了移民心中的最后一根稻草。移民开始以躲避签字、阳奉阴违等“武器”来表达切身利益，象征性服从只是他们的“伪装艺术”，任何不满、抱怨的负面情绪并不会凭空消失，只是用另一种方式呈现出来。

布坎南从经济人假设出发，认为个人在不确定结果的情况下所作出的选择，更倾向于遵循帕累托最优标准，但这里我们需要考虑村民对于信息掌控所带来的不同选择结果。一方面，是制度层面的竞争，一般而言，人们的行动可以看成面对利益冲突时对制度的不同理解、解释、运用等一系列的策略行为。村民最开始对于统建与自建的区分并没有太多实质性的概念，在政府规定的正式制度里面被视为一种理所当然，但到涉及具体指标分配的时候，每个人的利益相关性就凸显了出来，指标的稀缺性使竞争变得愈加激励，当更多的利益受损者败下阵了，制度的合法性、合理性才受到广泛的质疑。另一方面，是非制度层面的竞争，村庄是一个非契约化的结构组织，在这个“熟人社会”的世界里具有充分的信息共享机制。在理想的公正环境下，每个移民都希望取得统建指标的机会，但村庄精英的出现打破了规则的平衡，当某一个村庄精英实质性地取得了指标，则会有更多的村庄精英利用各种资源加入指标竞争的角逐当中。而最后剩下那些只能自建的“弱势群体”除了通过拒绝搬迁等“武器”来回应政府以外，寄希望于中央政府能够制定更加有利于他们的政策，以此来平衡心理的落差和对现实的失落。

中国几千年来的农耕文化深深地影响着乡土社会，不同的村落形成了不同的乡规民约，自有一套完整的地方性知识体系架构起村庄的秩序，与“白纸黑字”规范的文本形态不同，它们属于“隐藏的文本”[①]。虽然村民

① Scott, James C. *Domination and the Arts of Resistance*. *Yale University* Press, 1992: 121.

自治作为国家正式制度嵌入村庄治理秩序当中，为村民的利益表达提供了合法性基础，但是村民并没有抛弃隐藏在正式文本后面的地方性知识，甚至这些地方性知识已经在潜移默化中深深地印入村民的脑海规范着日常的言行。相较于“公开文本”，村民更谙熟于“隐藏文本”的灵活处理和边界运用。即使是处于优势地位的政府，有时也不得不尊重这些地方性知识，慎重地对待村民“合理不合法”或“合法不合理”的利益诉求，一旦政府的行为触碰到隐藏在文本背后的乡土秩序并引起集体行动，则将对政府的话语权威形成巨大挑战。因为，它本质上是正式文本和非正式文本、现代制度与地方性知识、法理世界与礼俗文化之间的力量博弈。

社区记忆浓缩了一个村庄厚重的历史，“现代社会与传统社会的最大不同可能就是日渐失去历史，失去过去”①。当资源分配出现非公正性，一些传统精英对利益的维护并不是从现代制度中拿起法律的武器“维权”，而是从社区记忆中抽离出被村庄公认的规则，用“老祖宗传下来”的集体认知来要求公平和公正。这些规则并没有公开的正式文本，而是千百年来村庄共同体延续下来的“不用言说”或“理所当然”的契约，大家心知肚明地遵照执行，它并没有一个强有力的约束措施，而是把那种违背共同意志的行动者排挤出去，用遭世人唾弃或借助天道惩罚来维护村庄共同体应该遵行的日常规范。村干部和镇工作队面对这些温和的却潜伏巨大能量的话语，惯常的正式权力常常会隐蔽起来，利用村庄认同的知识体系来尽量规避与村民的直接冲突，比较普遍的策略是通过亲缘关系拉近距离，以获得行动的支持，或通过“在其位谋其职”的政治承诺，以博得行动的理解。这种以传统的地方性知识规则“以柔克刚”“以柔克柔”的行动策略更容易取得村民的认同和支持，并影响着大家在公共选择中的价值意象和行动结果，特别是在传统礼制更为浓厚的少数民族村庄，人情规则甚至往

① 贺雪峰. 村庄精英与社区记忆：理解村庄性质的二维框架［J］. 社会科学辑刊，2000（04）：34-40.

往会大于正式规则，政府工作人员走进村庄开展工作，也恰恰利用了这种“免伤和气”的乡梓情谊极力减少与村民之间可能出现的直接矛盾和摩擦。

第三节　生态移民社区的现实境遇

移民搬迁后，自给自足的小农经济转向市场供给为主体的场镇经济，生产生活方式发生了极大的变化，社会交往由关系单一、结构相似的同质性转向关系复杂、结构多元的异质性，新的价值取向、价值规范正不断地冲击移民原有的价值判断，面对搬迁后的生计困境，移民开始寻求新的生产空间。这些变化固然与整体现代化有着紧密的关联，但生态移民无疑进一步加快了移民现代化的转型，促进了新的秩序生成。

一、生活方式的变迁

生活方式是一个群体在特定的自然环境中长期生活沉淀下来所形成的总体特征，是包括衣、食、住、行等一切生活活动过程的综合反映。D 村移民搬迁前，家庭生活基本依赖自耕自作的生产方式，一个独立的小家庭就是一个生产单元。粗布素衣，牛耕马驮，闲歌暇舞，移民在村庄的生活样态虽然显得有些清贫简单，却让人感到自由舒适而精神富足。搬迁后，移民住上了高楼，失去了世代为耕的土地载体，消费结构彻底改变，自给自足的小农经济转向市场供给为主体的场镇经济，移民的生活方式在骤然之间发生了急剧的改变，这种改变是伴随着村庄的消失而引发的“文化震惊”①。

① “文化震惊”指生活在某一种文化中的人，当他初次接触到另一种新的文化模式时所产生的思想上的混乱与心理上的压力。参见［美］阿尔温·托夫勒．未来的震荡［M］．任小明，译．成都：四川人民出版社，1996：23. 韦仁忠．高原城市的陌生人：三江源生态移民的文化调适和社会资本重建［M］．北京：中国社会科学出版社，2016：135.

生态移民政策实施以前，D村寨子里的住房以木质结构为主，大户人家还有体现仡佬族特色的阁楼和雕刻精美的窗花，一般小户人家则是单独的四列三间，一列为厨房，一列为睡房，中间为堂屋。移民搬迁后，居住空间由木房变成了砖混结构的楼房，与原来独门独户不同，现在大家“挤”在一起，从分散到集中的变化使一些住惯了大房大屋和单家独院的移民不太适应。反映问题比较集中的是以下几方面：一是移民社区白天噪声太大，尘土飞扬，晚上也会听到汽鸣声，难以比拟原来恬静的环境；二是基础设施跟不上，经常性停水停电，有时一停就是好几天，拉水来的消防车时间也不固定，非常不方便；三是住房面积小、拥挤，统建房实际面积只有60多平方米，都是两居室，有老人的家庭，老人几乎都睡在客厅，自建房虽然总体面积大，但单层面积和统建房一样，共同购买地基的移民，一般共用一楼门面，顶层分隔开作储物间，其他每户两层，也就仅多一套房的面积。

伴随居住空间的变化，移民的消费结构也完全不同。搬迁前，移民的粮食都是自耕自种、自给自足、自产自销，除了日常的生活必需品，其他方面的花费很少。但在移民社区，蔬菜、肉制品都需要在市场上购买，生活资料的物质成本大大增加。为了节省开支，移民家庭的仡佬族油茶也不常喝了，以前自酿的米酒也替代为价格低廉的“苞谷烧”。相较于原来简单的饮食结构，年轻人更喜欢多样化的食品供给，小孩对丰富多彩的糖果、口味不一的方便面、酥软可口的面包等尤为钟爱，但与此同时，整个家庭开支也在无形中急剧增长，许多移民家庭表示越来越负担不起高昂的生活成本。除了饮食上的消费外，穿着也是一笔不小的开支。在D村时，无论男女老少都穿着自己的民族服装，年轻男子上衣以青色缎子为主，衣领和襟边处用针织有花边，扣子为打结的布扣，裤子也是藏青色居多，直筒裤，脚褊镶花。青年女子则头施银饰，衣着“大镶滚”服装，脚穿黑面扦花的勾边鞋。年老的仡佬族人较为朴素，以白布包头，青布粗衣素裤。

这些服饰都是买原材料自己缝制，花费并不多。但搬迁后由于生活环境的不同，在以汉族包围的文化生活圈里，身着民族服饰多少显得有些“另类”，而当被贴上“野蛮子”“移民”“乡下人”等有色标签后，许多移民平时几乎都不再穿自己的民族服饰，取而代之的则是市场上各种款式和花样的服装，女生还会烫头发、文眉毛、穿高跟鞋等。虽然这是现代化发展的整体性社会趋势，即使没有生态移民工程的实施，这些依然在改变，但不可否认，生态移民使得相当一部分移民群体加快了这一趋势的变化。

消费结构是反映消费者需求满足程度的重要指标，移民生活方式的急剧改变，使在既定环境影响下的移民为尽快融入社会圈而呈现了一种提前消费或畸形消费现象，换句话说，移民为获得汉族群体的认可，从消费行为上表现出与汉族群体的同一性。由于搬迁前以生存性消费为主要特征，耕地面积、牲畜数量是衡量财富多寡的象征，人们的理财意识、消费观念淡薄，搬迁后则更多表现在享受型和发展型消费，除了饮食、服饰的货币性消费，家用设备也由土灶变为电饭煲、冻窖变为冰箱、柴火取暖变为电炉取暖，以及交通工具、通信设备、娱乐产品等其他的消费物品大量地进入移民家庭的生活世界，消费层次不断提高，从原来满足生存的单一性消费方式逐渐转向满足娱乐和发展的全面性消费方式。但与此同时，由于长久以来未形成理财意识，导致诸多移民家庭迅速面临收入与支出的严重不平衡的窘境，甚至于一些移民通过绿色贷款通道将钱借贷出来后挪用到日常的开支当中，银行失信人员激增，而没有能力偿还的移民则归咎于政府主导的搬迁行为，社会矛盾逐渐激化，社会治理成本与日俱增。

二、社会关系的分化

在社会结构中，人的社会关系表现为血缘关系、地缘关系和利缘关系，不同的社会关系对应不同的社会组织形态。血缘关系是一个群体的初级组织，人一出生便具有天然的血缘关系，血缘的亲疏决定交往的频度。

地缘关系是社会交往的次级组织，是在特定的地域范围内群体之间经过长期共同生活所形成的相对稳定的地邻关系，地缘的远近决定交往的频度。利缘关系是更高一级的组织形态，是为满足群体之间的相互需要而形成的利益关系，利益的有无决定交往的频度。人的生存与发展有依赖于群体组织的社会关系，当遇到困难时总是求助于交往密切的群体组织，所不同的是，越是高级的群体组织，利益的相关性越强，情感维系的力量越弱，而反之，越是低级的群体组织，“血浓于水”的归属感更强，利益则看得更淡。

移民入住政府规划的社区后，也意味着原来以血缘关系为纽带的初级群体分崩离析。由于传统村庄的封闭性、流动性不强，对血缘亲缘关系的注重远远比在集镇深厚得多，大家互帮互衬，彼此依靠，这种封闭的交往空间决定了社会交往的同质性，房亲、族戚是作为社会支持的主导性力量，但凡谁家有红白喜事，即使距离遥远也必然前来互助，血脉是维系这种初级组织的唯一存在。然而，搬迁到社区后，彼此忙于生计，社会交往空间更加开放，人员流动性更强，互助圈不断缩小，“远亲不如近邻”使强烈的亲缘关系在潜移默化中逐渐淡化。原来以血缘关系为纽带的社会交往渐次瓦解，呈现出离散化的特点。一方面是亲属关系的离散，除了礼节性的相互走动，平时的交往形态表现出更加明显的亲疏有别的差异化亲戚交往。另一方面是族亲关系的离散，除了族内宗亲的公共祭祀活动，族老的凝聚力已大不如前，仅代表着符号化的象征性权力履行传统的仪式程序。

社区化的居住形式虽然对依赖初级族群的个体移民家庭的支持力量减弱，却增强了以地缘关系为纽带的次组织网络，社会交往由关系单一、结构相似的同质性转向关系复杂、结构多元的异质性。为获得社会支持，除了移民与移民之间的互助以外，移民与周围的汉族居民互动的频率也明显增强。一方面是互助交往，比如帮忙、借东西。另一方面是合作交往，比如维护公共设施、合作举办重要庆祝活动等。但与单纯的血缘关系交往不同，地缘交往虽然在相互往来间增进了彼此的情感因素，但夹杂着对等的利益关系，地邻之间出现矛盾也多与这种对等原则被打破有关。以移民共用地基自建房为例，假设 A 出工天数为 3 天，B 出工天数为 4 天，则 B 认为自己的利益受损。但实际上 A 虽然仅出工 3 天但以重体力为主，而 B 虽然出工 4 天却以轻体力为主。由于 A 和 B 对事物的理解和看待方式不一样，利益的对等关系就会出现差异，而这种差异很容易破坏脆弱的地邻关系。

随着移民在社区的定居，人们的生产与交换行为日益市场化，相互之间的交往更加开放化，财富意识和发展需求呈现出多样化的特点，原有农村社会的差序格局正逐步走向分利格局。换言之，移民搬出大山走进集镇，在激烈的市场竞争中，移民的伦理思想本位受到严重的冲击，其思维和行动变得更加理性化和功利化，他们在生存和发展的境遇中极力争取个人的经济权益、维护个人的政治生活参与以及自己独特的文化诉求，在利益表达、利益分配和利益维护之间形成了复杂的利益纠纷和利益交融的分利格局，利缘成为移民联结社会关系的重要载体。这与村庄和集镇的社会结构有很大的关系，原来的村庄是村民一元主导的社会结构，在国家权力逐渐退出村庄以后，村庄保持着一定的独立性，政府与村庄的联系弱化，开放的市场对自给自足的村民影响力有限，在封闭的熟人社会中，村民是一个个独立的社会人，其行为很大程度上受到他人的态度、行为和评价的影响。而移民社区是多元互动的社会结构，传统村庄的独立性消失，政府与社区的联系紧密，市场的开放性消解了移民固有的价值体系，在陌生人环境里，移民为求得生存与发展，与政府、市场、社会等互动过程中，成为注重利益关系的经济人。

三、精神家园的嬗变

精神家园能够为个体提供情感依托，是人们探究生活意义和生命价值的文化认同。但是，精神家园是一个脆弱的价值体系，随着生活环境的变迁，人的精神家园被不断冲击和重构，传统价值观受到新价值观的挑战，旧的精神家园被新的精神家园所替代。在生态移民政策实施过程中，我们常常发现移民内心世界所表现出来的新奇与彷徨，村庄文化与集镇文化的碰撞与消融，人们的信仰体系、价值观体系在急剧的商业化浪潮中发生了嬗变。

仡佬族移民崇尚自然，对自然有着天然的敬畏之心，他们敬天敬地，敬山敬树，敬畏自然环境下的每一个生命，他们相信每座高山、每棵树木都是神灵。在原D村，移民认山石、树木为父母，但凡小孩哭闹、子女升学、心有郁结、大灾小病等，均到山石、树木前祈祷神灵保佑。每逢春耕秋收，移民也要到村头的古香樟树下祈神祭拜。可以说，不管人们遭受的是厄运与不幸还是丰收后的喜悦与幸福，对自然的祭拜已经成为他们一种朴素的生活方式。搬迁到社区后，在新的文化环境下，这种自然崇拜却被贴上“封建”“迷信”“落后”“蒙昧”等标签，在人们异样的目光中移民们的行为和行动渐次改变，小孩变得沉默寡言，中青年移民极力想摆脱话语中夹杂着的浓厚的仡佬土音，老年人已开始不再拜山石树木而改拜庙堂菩萨。刚搬迁后的第一个“仡佬年”，移民们拿着大刀，端着酒、香、纸等祭品，沿着街面的景观树“喂饭”，许多景观树被不同的移民家庭反复砍上几刀，伤痕累累。派出所接到报警后立刻制止了移民的祭祀活动。自那以后，移民的一些民族活动也大幅度减少。也许作为驻村干部，必须要正确地引导、管理，甚至控制移民的活动，但对于一名“研究者”而言，可能更希望仡佬族的民族文化传统能够得到更有效的保护、挖掘和传承。可以预测，或许D村仡佬族千百年来沿袭的“喂饭”习俗随着移民搬迁将就此消失，聊以慰藉的生态信仰也将在现代文明的思潮中悄然逝去。

“仡佬大贰”是大部分移民精神家园中重要的组成部分，是移民们消遣娱乐的精神食粮，具有十分独特的仡佬族哲学文化。“大贰”宽约1厘米、长约18厘米，分别为白底红字和黑字，由“一”到“十”的象征符号组成，分成大写和小写，共80张，一般3人即可玩乐。据村里一位比较资深的“阁佬”介绍，“大贰”充分反映了仡佬族人的生活哲学：牌呈瘦长形，意蕴长寿；黑白双色，暗含时空昼夜、万物阴阳；大拾为天，顺应天理，遵循自然法则；大捌为地，意指周围各种环境、社会关系，顺势而为，圆润处理；大柒为人，指自己，与天斗、与地争，不屈不挠、艰苦奋斗；天地人呈三才之势，是为道。搬迁到社区后，移民的消遣娱乐方式更加多元化，“仡佬大贰”已不是唯一的消遣方式，许多移民也学会了长牌、扑克、麻将等，这些新的娱乐方式让他们乐不思蜀，整天沉溺其中。需要强调的是，原来玩“大贰”仅仅是消遣打发时间，而到社区后的娱乐活动则带有赌博的性质，移民的精神家园受到严重的侵蚀。

D村生态移民过程实际上是城镇化的过程，而城镇化也意味着市场化，移民的一些价值观念发生了明显的变化。虽然搬迁前移民也感觉到金钱的重要性，但表现得并不如现在如此之强烈，因为原来自给自足、自产自销的生活方式在消费的支出方面比较低，一些不必要的花费总能用其他物品来替代，但到社区生活后，几乎所有的生活消费都是货币流通，金钱变成实实在在的、不可或缺的硬通货，大家谈论得最多的是钱，钱已经成为围绕移民生活的中心思想。与此同时，所衍生的利益观念变得更加突出，在利益主导、利益优先的原则下，移民行为表现出“唯利是图”和“金钱至上”，利益交换变得“斤斤计较”，公共利益、集体利益让位于个人利益，这与仡佬族人所恪守的清心寡欲、重义贱利、取之有道等价值观形成了强烈的反差。虽然这不能代表所有移民的价值观体系已经发生了改变，但从走访的调研结果以及移民的日常行为表现可以肯定地表明，在市场导向下的移民社区，新的价值取向、价值规范正不断地冲击和挑战移民固守的价值判断，使移民的价值观体系出现混乱和冲突，并在潜移默化中影响和改变着移民行为。

四、生计空间的焦虑

人文地理学家曾研究地理资源与贫困空间分布之间的相关性，提出了“空间贫困陷阱”① 的概念，认为改变自然资源条件能够帮助贫困者摆脱贫困。在进一步的研究中，学者们发现自然资源只是生计空间的一个基本要素，它还包含了政治、经济、文化、社会在内的生计实践活动②。生计空间是一个复杂的系统，既是自然地理的生存区域，也是社会关系的行动场域，自然资源为移民提供了生计行动的地理空间，集镇市场条件为移民提供了生计行动的经济空间，社会关系网络为移民提供了生计行动的社会空间，在多元的复合的生计空间中，移民的生计行动复杂而多样，其生计结果也是多种资源环境因素共同作用的。生态移民搬迁虽然使得移民的生计空间得到了优化和扩展，但与此同时也存在着经济空间、社会空间等生计空间被挤压的状况，移民表现出对生计空间的焦虑与不安。

搬迁前后，移民的生计空间有着明显的差异。搬迁前，移民的生计来源主要依靠外出务工、农业种植和牲畜养殖，三项收入基本能满足日常生活。入住社区后，移民的生计来源只剩下务工这一项收入，原来的种养殖经济空间流失，再加之各项消费的支出成本急剧增加，使缺少劳动力家庭的移民成为新的贫困者。为应对搬迁后面临的生计困境，移民不得不找寻新的生产空间，依据家庭劳动力分配获得最大化的收益价值，一般青壮年移民都外出务工就业，中年移民又回到原 D 村从事种养殖业，老人和孩子则留守在社区。需要强调的是，看似合理的资源分配却直接导致了移民家庭社会空间的整体性弱化，甚至破碎。为了谋求生计，

---

① Jalan J, Ravallion M. Spatial Poverty Traps [R]. The World Bank Policy Research Working Paper, 1997: 1862.

② 付少平，赵晓峰. 精准扶贫视角下的移民生计空间再塑造研究 [J]. 南京农业大学学报（社会科学版），2015，15（06）：8-16.

移民家庭变得四分五裂，一些移民常年与妻子、老人、孩子分离，或者夫妻两人都长期外出务工只留下老人和孩子，赡养、抚养等问题成为内部矛盾集中的重灾区，家庭相互支持功能随着劳动力的外流而不断弱化。而相较于村庄的“熟人社会”，居住在社区的移民社会关系变得更为复杂和陌生，人与人之间的信任关系需要重新建构以获得其他社会成员的支持，原来的村庄共同体转向社区共同体，公共生活空间的集体感和参与度明显下降，移民群体对家的归属感并不那么强烈，反而感受到来自社会的排斥并不断被边缘化。

虽然因为搬迁挤压了移民的生计空间，但不可否认，同时也增加了生计机会，移民能够利用安置房门面从事第三产业，政府提供了部分公益岗位，创新创业园区也可以就近上班。但需要强调的是，长期从事农业种植的移民，在新的环境下对新的劳动模式完全陌生，所累积的农业生产经验和劳动技能使他们无所适从，空有一身“武艺”，却无用武之地。在移民社区会发现，移民的店铺大多都不是自己经营，而是出租给外村的人，每年仅收取大约 2000 元的租金，在交谈中很多移民都表示自己没有经济头脑，也缺乏货物来源的信息渠道，将店铺出租实属无奈之举。隔社区不远的地方是一个工业园区，但入驻的只有三家企业，而企业看重的是经济效益，一般招收的都是心灵手巧的年轻人。虽然政府对“40”“50”后移民安排了部分公益岗位就业，不仅岗位有限而且待遇很低，难以满足真正贫困移民的生活需求。

围绕搬迁后的生计问题，移民处于深深的焦虑之中，这种焦虑促使移民对生计发展作出不同的行动选择，导致移民社区演变成“居而不定”的居住形态。“居而不定”是指移民在原村庄与新社区之间来回“摆动”的生产生活所形成的居住形态。农闲时在社区，社区成为重要的生活空间，农忙时回原村庄，原村庄又成了重要的生产空间。而移民这种来回“摆动”的生产空间和生活空间也使得在原村庄与新社区之间形成了不同的生产生活秩序。这些秩序在一定程度上打乱了政府“规划现代化”下的制度性安排，为社区治理带来了困难和挑战。

小 结

搬迁前的D村是以仡佬族为主的少数民族聚居村，注重以血缘关系为纽带的等级秩序，传统中以资历最深的“阁佬”形成村庄权威来平衡血亲宗族间的矛盾纠纷，实现对村庄内生秩序的维护。以治理生态和贫困为目的的生态移民项目的输入打乱了这种秩序结构，村民自治在国家权威话语的生产中已然失去了代表村庄利益的独立性，政府建构的民主决策情境在村民以人情伦理为处事原则下减少了公共意见的自由讨论空间，并最终以举手表决的一致同意获得政策目标的初步实现。

搬迁后的生态移民社区是政府规划下建设的现代城镇社区，移民告别了传统的生产生活秩序，取而代之的是以现代文明为特征的生活方式，这种骤然剧变的秩序变迁引发了移民新区的“文化震惊”现象。突出表现在，发达的商品市场改变了移民的消费结构，以血缘、地缘为纽带的社会结构转向以个人为中心的人际关系网络，利益关系的分化进一步催生了移民精神家园的流变，新的生产空间的无所适从使移民产生了生计空间的焦虑，移民被社会空间隔离，成了住在高楼上的“陌生人”。

出于生存发展需要，移民开启了原村庄与新社区之间的来回“摆动”的模式，“居而不定”成为移民日常生活的常态秩序，在原村庄与新社区之间呈现出杂糅的空间形态，社区的边界变得模糊不清，原村庄成了生产空间的场域，新社区成了生活空间的场域。这意味着移民生产秩序和生活秩序的紊乱，也相应地给政府治理带来了新的挑战。

第三章　内生秩序与治理困境：外嵌内治

村庄秩序的生成具有二元性，一是行政嵌入，二是村庄内生[①]。行政嵌入是由外而内的外部力量对村庄施加影响形成的外生秩序，村庄内生是由内而外的内部力量维系村庄社会运行形成的内生秩序。外生秩序以正式国家和行政制度为前提，内生秩序以传统的非正式秩序为基础。事实上，村庄的治理问题，是如何使外生秩序和内生秩序达到均衡，或者如何协调正式制度与非正式制度关系的问题。

外嵌内治和内嵌外治都是对秩序失衡或关系不协调的一种表达，"外嵌内治"是以正式国家和行政制度为前提的外部力量嵌入原村庄秩序中干预村庄治理，受到原村庄内生秩序的抑制而无法完全施加对村庄非正式治理的影响，原村庄治理秩序主要依靠村庄内部力量非正式制度来维系的一种状态。而"内嵌外治"是以传统乡规民约为特征的村庄内部力量嵌入重构后的社区秩序中干预社区治理，受到社区外生秩序的排斥而无法完全施加对社区正式治理的影响，社区治理秩序主要依靠社区外部力量正式制度来维系的一种状态。本章主要通过研究村庄内生秩序来讨论外嵌内治的治理困境。

① 贺雪峰，仝志辉．论村庄社会关联——兼论村庄秩序的社会基础［J］．中国社会科学，2002（03）：124-134.

第一节　村庄秩序的演进逻辑

传统村庄是以乡规民约维系村庄治理，中华人民共和国成立初期，随着国家权力向基层社会延展，人民公社治理体制实现了对基层社会的全面控制。家庭联产承包责任制重构了村庄政治，基层组织运行管理受到挑战，村民自治制度开始登上历史舞台，由此开启了农村基层民主治理时代。生态移民政策的实施，代表基层民主治理的村级组织远离了村庄，为实现对村庄秩序的治理，政府行政权力开始嵌入村庄秩序中，形成了村庄治理的两股力量。

一、族内村治的消解

封建社会时期，国家对基层社会的控制力有限，“皇权止于县政”，以家为基础，以血缘、地缘为纽带构建的宗族制度是维系乡村社会秩序的主导性力量。宗族制度的形成和发展不是国家建构的，而是基于家族内部秩序管理生发的结果，宗族通过立祠堂、修族谱、订族规、置族田等形式，实现对族人群体间的互助和管理。传统时期的家国同构，由家及国，在国家权力不能充分延伸到基层社会时，宗族制度逐渐就成为维系基层社会秩序的重要力量。但事实上，从整个官僚体系来看，无论是乡里制、乡亭制，还是保甲制、里甲制，都充分说明了国家权力对基层社会的制度安排，只是由于地方封闭性、乡里官吏非任命性等各种因素，国家对地方的职能发挥多借助于乡绅和宗族领袖维持资源汲取和地方安定。

中华人民共和国成立后，国家权力开始渗透到基层社会，从经济基础、政治制度、文化意识形态等全方位进行统合，建立起“三级所有、队为基础”的人民公社管理体制。一方面，人民公社打破了传统家庭经营单元，社员生产资料归公社所有，不能私自留存或经营副业，国家实现了对基层社会生产资料的全面控制；另一方面，人民公社作为国家政权组织的基层单位，通过公社、生产大队、生产队三级权力配置构建起严密的行政网络，国家实现了对基层社会的全面管理。由于权力高度集中、绝对服从的人民公社治理体制在生产过程中遮蔽了基层社会生长的自主性，体制僵化的弊端日益显露，生存需求促使人民群众探索新的生产路径，推动农村社会经济体制的改革，并最终终结了人民公社的治理体制。

二、承包责任制重构村庄政治

以家庭经营为基本单位的家庭联产承包责任制摆脱了国家对基层社会生产单元的管理，农民自主意识得以增强，生产积极性日益高涨，随之而来的是基层组织的运行受到挑战，农村基层治理模式需要调整和变革。由此，村民自治制度登上历史舞台，开启了我国农村基层治理的民主治理时代。村民自治作为具有中国特色的治理制度，拓展了农民的自主空间，保障了农民自我治理的权利，也意味着国家治理框架下从集权管理到分权治理的转型。从国家和社会的关系调整来看，国家对基层社会的治理不再是统合的过程，而是建构的过程。村庄作为社会治理的基础单元，村民自治制度以规范的法律文本赋予了村民委员会是村民自我管理、自我教育、自我服务的基层群众性自治组织，村庄公共事务活动按照村庄内部的集体意志来开展。

村民自治制度是农村社会经济发展的产物，具有重要的历史意义和实践价值。但村民自治制度也会随着社会经济发展环境的改变而发生某些变化。中国经济体制改革的总体性转向，将农村社会卷入市场化浪潮之中，在工业化、城镇化、农业现代化等内外环境的影响下，农村经济社会结构开始分化，社会流动愈加频繁，传统村庄的封闭性在开放和发展中破碎，基层社会日益转变成为原子化、异质性社会。在实践中，出现了“日益扩大的民主参与需求与制度供给不足、不断增长的民主发展需求与相对滞后的民主发展环境之间的矛盾”①，村民自治运行存在“民主选举形式化、民主决策表面化、民主管理不规范、民主监督缺失、乡镇政府和党支部的不当干预”② 等问题。村民自治的现实困境让农村基层民主治理再次面临新的抉择。

生态移民搬迁后，安置地位于集镇市场旁，移民新区成为相对独立的区域，从治理模式上，移民新区并未纳入现代化城镇的社区治理模式之中，仍然沿用了乡村社会的村民自治模式。社区通过民主选举，成立了搬迁后新的村民委员会，村委会主任仍由具有经济实力的上一届村主任担任，其他村委会成员调整的幅度也不大。由于搬迁后移民生产经营方式的急剧转型，在较长一段时间内，移民经济收入处于低水平发展阶段，移民对生态移民政策的实施越发产生不满意的情绪，向政府要低保、要工作岗位的现象与日俱增，当有限的资源难以供给和满足时，移民与政府的关系就变得越发紧张。面对安全维稳的政治压力，政府将更多的事权转移到村级组织，把村委会当作直接的行政单元，附属行政化倾向严重，村级组织成为事实上处理和协调各种矛盾纠纷的派出机构，村民自治在一定程度上失去了代表村民集体意志的主体地位。

三、基层行政权力嵌入村庄治理

由于村级组织转移到搬迁后的社区之中，村庄秩序缺乏正式组织的治理。而当政府行政权力嵌入村庄，并与移民利益发生纠葛的时候，村民自治制度的权威性受到挑战，移民与村级组织之间产生了信任危机。为维护自身利益，原来传统村庄的内生秩序得到了进一步强化，移民在有意或无意之间运用村庄既定生成的内部运行规则来实现自我利益的诉求或家庭经

① 卢福营．村民自治发展面临的矛盾与问题［J］．天津社会科学，2009（06）：62-67.
② 董红．当代中国村民自治问题研究［D］．西北农林科技大学，2012.

济的发展。但是，作为移民个体面对强大的国家机器，或者说在正式制度的框架内，移民自治组织的能力始终是有限的，一些负面情绪的展现更多的是避免与政府的直接面对，是以隐蔽的逻辑出现。所以，在生态移民社区会发现，移民行动的运行规则是分离的。一方面，是在新社区场域内，行政力量的干预压缩了原村庄的内生秩序，非正式制度不得不处于隐蔽状态来免除对正式制度的威胁；另一方面，在原村庄场域内，行政力量的干预减弱，村庄内生秩序仍然强大，并影响着移民的生产生活秩序。因此，从治理角度而言，新社区的治理具有显性的外部秩序特征，正式制度占据着治理的主导地位，而原村庄的治理则具有隐性的内生秩序特征，非正式制度占据着治理的主导地位。

这种不同场域的不同治理方式，类似于费孝通先生笔下的“双轨政治”①。费孝通认为，中国传统政治结构是双轨结构，一是中央集权的官僚之轨，自上而下的政治轨道执行政府命令；二是地方自治的乡土之轨，当政令和人民接触时，基层社会的运行就转入自下而上的政治轨道。在当代社会中，这种双轨结构依然存在，只是自上而下的官僚之轨运行的边界不再止于县府，而是一直延伸到乡镇政府，并对村级组织具有十分重要的影响。同时，村民自治制度是村庄社会自下而上的政治轨道，既受到上级政府的影响，又受到村庄内生秩序的影响。费孝通在“再论双轨政治”时也强调，一个健全的、能持久的政治必须是上通下达、来还自如的双轨形式。

将这种结构或形式嵌入生态移民社区的治理中来考察，生态移民社区同样具有双轨结构的特征，新社区遵行自上而下的科层制行政管辖，而原村庄则通过自下而上的乡土规则维系村庄秩序。具体到乡镇政府的治理行动，对移民新社区，通过强有力的国家权威实现城镇社区的治理，而对迁出地的村庄，则主要通过原村庄内生秩序达到治理目的。所以，乡镇政府

① 费孝通．乡土重建［M］．北京：中信出版社，2019：78.

对生态移民原村庄场域的治理就陷入“外嵌内治”的困境之中。

第二节 村庄社会的内生性治理资源

基层治理的权力秩序大致存在三种：一是正式权力，以正式制度确立新的治理规则；二是非正式权力，以非正式制度确保治理空间的乡土性；三是“正式权力的非正式运作”①，即在正式权力资源不足的情况下运用乡土社会的内生性治理资源。一般而言，乡村社区治理多以非正式权力为主，而城镇社区治理则多以正式权力为主。但从案例中来考察，当政府权力实践中的正式权力在解决矛盾纠纷过程中失效时，只能寻求外部的权力资源来解决，从而形成了正式权力非正式运作的权力秩序。

一、熟人社会的面子

在移民村庄，长期以来的日常生产生活形成了邻里互助互惠的秩序，从锅碗瓢盆借用到红白喜事互助，从抬石拉梁建房到合作互惠生产，都能够看到这种秩序的存在。虽然在这些互动过程中也经常发生不协调的一面，但彼此之间的依存性使村庄内部本身能够产生一套调节机制来修复受损的关系。这套调节机制是村庄成员约定俗成的地方性规范，相互之间注重人情面子的社会交往规则，从而也生成了基于人情往来的面子权力。

D 村仡佬族有一整套完整的丧葬习俗，多年来，地方政府一直尊重少数民族文化传统，允许农村地区的仡佬族实行棺木土葬。但由于移民搬迁到城镇后，与《贵州省殡葬管理条例》规定的“人口稠密、耕地较少、交通方便的地区应当实行火葬”不符，同时《贵州省殡葬管理条例》也仅明

① 孙立平，郭于华．“软硬兼施”——正式权力非正式运作的过程分析——华北 B 镇订购粮收购的个案研究［A］．清华社会学评论特辑［M］．厦门：鹭江出版社，2000：113.

确了“尊重回、维吾尔、哈萨克、柯尔克孜、乌孜别克、塔吉克、塔塔尔、撒拉、东乡和保安10个少数民族丧葬习俗”。仡佬族未在政策规定之中，这意味着仡佬族将不能再遵照自己民族的丧葬习俗，只能按现行政策进行火葬。另外，由于D村仡佬族人已经搬离农村地区在城镇社区居住，根据政策规定的内容也将不能进行棺木土葬。在这里可以清楚地看到，地方民族文化传统与正式制度之间存在的矛盾关系。

移民DPF的母亲有86岁的高龄，由于不习惯城镇生活，在移民新区居住一段时间后就返回D村居住，后不幸逝世。移民家属按仡佬族文化传统处理丧葬事宜，其间政府多次介入要求家属按规定办理丧葬手续，将遗体进行火化处理，但均遭到移民家属的强烈反对。临下葬前一天，镇民政所联合综治办准备采取强制措施将遗体拉至县殡葬服务中心火化，但移民家属将执法人员团团围住进行了阻止，无奈之下，综治办工作人员拨打了报警电话。镇派出所副所长带领四名民警迅速赶到现场，矛盾随时都可能出现进一步升级。随后，在村支部书记的及时斡旋以及众多亲属劝说下，紧张的局面基本缓和了下来。随后，通过村支部书记，移民家属与执法队进行了洽谈。搬迁前，按照村里的习俗都是棺木土葬，虽然现在搬迁后要实行火葬，但老人去世前一直住在D村，所以现行政策并不适用。考虑到逝者家属刚失去亲人的悲恸情绪，也看在村支部书记双边维护的面子上，执法队最终选择了妥协，允许逝者家属按原来的习俗处理丧事。

案例中“基层政府赖以运作的，基于国家暴力的、以强制方式推行政令的行政权力对乡民并没有多大约束力……农民在行政组织之外，也使得正式的行政权力作为一种组织权力难以有效”①，但可以发现，正式权力在非正式运作中的建构性。镇民政所和综治办被政府授予正式权力采取对遗体处理的强制措施，派出所作为国家机器同样实施了正式权力，但这种正

① 任敏，杨璟．基层政府的多重非正式权力建构——基于湘西A乡三个纠纷调解个案的分析［J］．青年研究，2012（04）：69-81，95-96.

式权力并没有通过强制化的简单方式得到顺利执行，而村支部书记的出场，巧妙地运用了非正式权力（面子），既利用自己特殊地位和人际网络的面子来获得支持，也维护处于激烈冲突的当事人双方的面子，并最终使冲突势态得到缓和。面子作为一种自我认同和社会认同的机制，在这里充分发挥了非正式权力运作的社会治理功能。当然，这种面子权力的运用必须处于熟人社会的环境中，并得到当事人的认同，否则“再大的面子也不好使”。村支部书记一方面是村庄的当家人，在村庄事务处理中拥有较高的地位和话语权；而另一方面基于自身的身份与政府部门人员之间来往密切，自然与民政所、综治办、派出所等执法人员熟识。这两个方面建构起了面子权力的条件，使得这种非正式权力运作为解决矛盾提供了治理可能。

二、庇护关系的网络

按照斯科特的定义：“庇护关系是一对角色之间的交换，可以被界定为双方（两人）之间工具性友谊关系的特殊情况，其中具有较高社会经济地位的庇护者利用其影响力和社会资源向经济地位较低的被庇护者提供保护和利益，而被庇护者向庇护者提供一般性支持和服从以作为回报。”① 虽然斯科特主张庇护主义可以解释传统社会的乡村政治，但仅限于相对简单的人际关系。艾森斯塔德认为，庇护关系作为一种社会安排，是规范秩序的重要机制，形塑了资源流动、权力关系和交换过程以及在社会网络中的合法性②。庇护关系的形成和维系反映了权力、地位、资源等方面存在的不平等，而恰恰是这种不平等才能够使庇护者获得支配权，而被庇护者利益受到保护。

① Scott J. C. Patron Client Politics and Political Change in Southeast Asia. [J] . American Political Science Review, 1972, 66 (1): 91-113.

② S. N. Eisenstadt. Louis Roniger, Patrron Client Relations as a Model of Structuring Social Exchange [J] . Comparative Studies in Society and History, 1980, 22 (1): 42-77.

2014 年，六盘水市在全省范围内率先开展探索“资源变资产、资金变股金、农民变股东”的“三变”改革。“三变”通过改革创新，让贫困地区的土地、劳动力、资产、自然风光等要素活起来，让资源变资产、资金变股金、农民变股东，让绿水青山变金山银山，带动贫困群众增收。中共贵州省委、省政府出台《关于在全省开展农村资源变资产、资金变股金、农民变股东改革试点的工作方案（试行）》，要求在全省范围内推广“三变”改革经验，创新农业经营体制，加快调整农村农业产业结构，促进农业增效、农民增收。乡村振兴战略的实施，更进一步推动了“三变”改革的实践。D 村移民搬迁后，土地闲置较多，镇政府按照方案将 D 村列入了“三变”改革试点村。将集体及移民的土地、山林、房屋等可经营性资产入股“村股份经济合作社”（原农业生产合作社），依托 D 村自然山脉及仡佬民居生态村落特色，规划建成“生态农业区、休闲观光区、民居体验区”，以“仡佬记忆、难忘乡愁”为主题，打造乡村休闲旅游综合体，实现“农田变园区、山区变景区、民房变客房”的新的移民发展道路。

但不可避免地，“三变”改革也遭遇了种种困难。在股份设置上，镇政府将股份分成土地股、人口股、劳龄股、房产股和资金股，前四股为基本股，以移民家庭的实际资产和基准核算，资金股作为发展股，按移民家庭的经济能力参股。值得注意的是，原来按国家政策已经拆除房屋复垦的移民失去了房产股，只有三股基本股，而没有按国家政策及时拆除房屋的移民则成了这次改革的最大受益者。这其中，移民 DP 是在 D 村和集镇上小有名气的“经济精英”，也是第一个响应生态移民政策而拆除房屋的移民。为争取房产股入股，DP 利用自己积累的人脉，与政府协调沟通，以发展养殖业的名义在其原宅基地搭建了 300 余平方米的鸡棚，其他移民也纷纷效仿，搭建面积大小不一的简易鸡棚，并以此作为房产股入股“村股份经济合作社”纳入“三变”改革项目。随着更多的移民通过这种方式折算股份，政府阻止了移民的抢建行为。对于已经搭建好的建筑，除了 DP

之外，其余均要求拆除。按政府对移民的解释，DP 办理了“合法手续”(事实上只是口头授意)，具有一定的规模。于是，大家找到 DP 希望他能够出面为大家说说话、求求情。为了维护其他移民的利益，他将修建鸡棚的移民变成自己的合作伙伴，他提供鸡苗，由其他移民帮他养，最终使政府没有再追究此事。

从村庄秩序看，在政府官员—精英移民—普通移民之间形成了一种庇护关系。首先是政府与精英移民之间的庇护关系。科尔曼认为：“行动者为了实现自己的利益，相互进行各种交换，甚至单方转让对资源的控制，其结果，形成了持续存在的社会关系。”① 这种社会关系不仅是社会结构不可或缺的重要组成部分，同时也是一种重要的社会资本，包括权威、地位、身份、信任以及对权利分配的共识。从一定意义上讲，移民 DP 与政府官员之间的“关系”，是作为一种重要的个人资源，具有可生产性，通过这些“关系”的运作获得搭建鸡棚的“合法性”庇护。其次是精英移民与普通移民之间的庇护关系。施坦恩曾说：“在危险的时候，或者在一个缺乏安全的世界中，庇护者为无权力者增加力量，为那些缺乏资源的人们提供更多的保护和帮助。”② 庇护者可以利用自己的权力、地位或影响力向被庇护者提供的这些帮助，能够获得来自被庇护者的权威认可和社会声望。当政府要拆除其他移民所搭建的建筑物而使众多移民利益受损时，DP 以合作伙伴的理由为移民提供了保护，虽然这里面不乏村庄社会人情法则的基础，但无疑通过这种保护行为能够进一步扩大移民心目中的权威形象。

从权力关系看，政府官员—精英移民—普通移民之间的庇护关系反映了私人化的权力网络，形成了以精英移民为“中介”的上下庇护体系和等级秩序。精英移民在面对普通移民与政府管制之间发生矛盾时，充分利用

① 科尔曼 . 社会理论的基础［M］. 邓方，译. 北京：社会科学文献出版社，1990：43.

② Stein H. F. A Note on Patron Client Theory［J］. Ethos，1984，12（1）：30-36.

私人化的权力关系网络来消解政府的管制压力，通过提供对普通移民的庇护获得个人威权地位的提升和社会影响力的预期，而在精英移民的庇护下，普通移民的利益得到有效的保护，以个人利益换取对精英移民的"忠诚与服从"。这种私人化的非正式权力来源于对社会资本的拥有以及对资源的可支配空间，在精英掌握众多社会机会、财富资源和特殊的身份地位等，并具有可能垄断性的可支配权力时，政府也往往依赖于精英实现对村庄治理的秩序维护，而同时村庄非精英也只有依赖于精英才能获得最大化的利益满足。但需要强调的是，这种私人化的非正式权力的强化并不意味着国家正式权力在村庄治理过程中的退出，只不过是基于个别事件采取的权宜之计以尽量规避政府与群众之间出现过激行为，当移民的生存发展与国家发展战略并没有发生明显而严重的冲突时，国家允许村庄精英对这种非正式权力的支配。

第三节　资源分配中的利益分殊

生态移民过程中资源分配在不同的层面存在不同的利益分殊，往往被更具优势地位的地方精英所获得，出现精英俘获现象。精英俘获意指地方精英凭借其自身具有的参与经济发展、社会改造和政治实践的机会优势，支配或干预项目发展计划，从而获得相应的资源和利益①。

一、村庄层面的项目竞争

在中国脱贫战略和乡村振兴战略中，生态移民只是政府主导的众多扶

① 参见 Aniruddha Dasgupta，Victoria A. Beard. Community Driven Development，Collective Action and Elite Capture in Indonesia [J]. Development and Change，2007 (2). Antlov H. Village Government and Rural Development in Indonesia：The New Democratic Framework [J]. Bulletin of Indonesian Economic Studies，2003 (2). 胡联，汪三贵. 我国建档立卡面临精英俘获的挑战吗？[J]. 管理世界，2017 (01)：89-98.

持项目中的一种，尚存在诸如行业扶持、对口帮扶、产业转型、金融脱贫、教育扶贫、党建援助等项目。这些扶持项目资金动辄几万元、几十万元，甚至上百万元，因此，在村庄实践层面存在着广泛的竞争性，使得具有一定社会资源的村庄可以获得更多的资源。而获得资源越多，意味着带给村庄的资金越多，对村庄的发展就越有利，这也导致村庄之间对援建项目的激烈竞争。

D村的生态移民项目，无论从生态环境角度还是从村庄贫困程度来看，原则上并不占据压倒性的优势。但为什么D村获得了生态移民搬迁的资格呢？虽然前面章节曾简短地阐释过作为少数民族聚居村所带来的民族性的政治绩效，但更深入地考察，会发现镇村两级的权力关系、村治精英的社会网络等都是D村获得项目的重要原因。

县级政府在项目分配过程中起着决定性作用，但乡镇级政府却对具体的分配具有自由裁量的政治空间。这表明面对各种资源、国家行政管理制度下的正式制度在面对复杂的地方实践情境，基层政策执行者不得不因地制宜地灵活运用非正式制度或半正式制度的行动策略来解决实际问题，而上级政府对于基层政府在一定范围内的政策回应实际上也是处于一种潜在的默许。一位县领导曾说："中央的政策太宏观或太标准化，反而对工作的开展不利，但政策性问题是没有办法的，只能按要求来，至于下面乡镇只要不出原则性的、政策性的错误，具体该怎么操作就由各个乡镇根据自己的情况去操作了。"① 而乡镇政府正是在县政府某种心照不宣的"同意"下，拥有了自由裁量的权力空间，实际上则成为资源的直接分配者。在压力型体制下，乡镇官员为圆满完成上级任务以及自身的政治晋升动力，将资源更多地倾向于基础条件较好、更容易完成目标任务的村庄也就不难解释了，因为将资源分配到脱贫压力过大的村庄反而可能造成不确定性的政治风险。虽然说村集体经济的发展状况是乡镇政府资源分配考量中的重要

① 资料来源于访谈记录，FT20190526CPN.

因素，但同时村庄的政治生态也不容忽视，如果村干部缺乏权威、能力不足，或者村支“两委”不团结、村庄秩序混乱等，都难以获得资源竞争中的优先安排。

在村治场域，村治主体的谋利冲动和发展诉求是相互交织的，那些村庄中社会关系网络广、个人能力表现强的村干部更容易凭借村治的政治舞台，在为村庄发展积极捕获项目的同时，也为自己营造良好的利益空间。就村干部的视角而言，“利益”不仅仅包括理性经济人假设的经济利益，同时也包含个人所追逐的政治利益（连任）、社会利益（声望）等各方面的利益。村治主体在俘获项目的过程中，实际上也并不是完全按正式制度的安排，而是通过非正式制度的介入来实现项目的获批。正如村主任所说：“镇政府的扶贫项目有很多，东村也是给，西村也是给，最终给哪个村决定权在领导那里。想要拿到项目，平时就要维护好和领导的关系，关系走得近的可以拿资金大的项目，关系稍微远点的就只能拿小项目。镇长是我们村出去的人，平时也照顾得多，再怎么说村子里都是他的亲戚，不把本村搞好，自己面子上也过不去。”① 从此也可以看出，镇村两级之间在公共事务和私域空间构建了一种以血缘、地缘为纽带的社会关系网络，受到来自传统人情伦理的支配，是长期以来村庄生成的内在秩序，它不仅为获批项目完成规范性的社会交易，更可以视为个体结构在关系网络庇护下获取资源的一种机制。

乡镇政府、村治精英等行动者通过权力关系和社会网络采取一定的策略行动，使资源分配向有利于自己的方面倾斜，镇村两级的互动过程通过非正式制度的介入建构了项目的分配格局。项目制实行分级管理体系，各种资源通过“发包”方式到达基层政府，在压力型体制下，基层政府通过获取资源的同时也承担着相应的政治任务，对资源的分配具有决策和支配的权力，而村治精英作为国家代理人和理性经济人，与乡镇政府的长期互

① 资料来源于访谈记录，FT20150317DF.

动过程中形成稳固的私性关系，使项目授权和项目俘获之间产生了“权力-利益”的结构性利益共同体。民族村落的家门结构相较于传统型村庄更注重将宗亲血族内化于项目申请，依托这种沾亲带故的人情法则，可以在不同村庄间的资源分配竞争过程中占据更大的家门优势，在实际的运作中，村治主体常常将体制内担任一定职务的政府官员作为村庄获利的“公家人”，利用“公家人”的身份庇护村庄的发展，从本质上讲，这种镇村间的庇护关系和网络结构嵌入上级资源输入过程中就已经形成了潜在的分利秩序。

二、个体层面的资源分配

村庄层面是以村庄的整体利益输入作为资源分配的参照物，而个体层面的资源分配其瞄准的资源并不是直接为村庄获利，而是为自己谋取更多的利益。下面以D村最典型的低保名额分配为例，对这一现象作进一步分析。D村低保分配主要有两种类型：一是“评低保”，移民通过正式制度的低保评选程序而获得低保名额；二是“要低保”，移民通过非正式制度的手段来获得低保名额。

首先考察“评低保”过程中的精英俘获现象。2019年10月，一年一度的低保评议大会如期举行。评议现场，村支部书记正宣讲评议程序之时，不时看到人员四处游走，交头接耳，窃窃私语，这种现象被邢成举称为“精英游说”①。很显然，这些移民为获得低保名额对现场投票人进行了劝说和共谋，虽然可能在此之前已经打过“招呼”，但再次当面确认也是为了稳操胜券，况且，在“当面锣对面鼓”的现场情境下，投票人也不好驳了别人面子而得罪人。一些本身也在申请名单中的人，恰恰也利用游说者的选票获得相互支持，还有一部分人对游说者的态度体现了一种“还人

① 邢成举．精英俘获：扶贫资源分配的乡村叙事［M］．北京：社会科学文献出版社，2017：107.

情债”的支持行动，也不得不“违心”地投出自己宝贵的选票。对于看不惯这种游说精英的移民，他们所选择的方式往往会通过弃权或离开来表达自己的不满，一方面，自己没有在低保名单之内，心里极其不平衡；另一方面，众多游说精英让投票者无所选择，弃权或离开的行动可以规避得罪人的风险。现场一位移民抱怨：“大家条件都差不多，凭什么又把我刷下来？有些人年年都上名单，年年都评到低保，这就是不公平。低保这个钱是国家的钱，不是哪个私人的，每个人都该有份，即使轮流坐庄，今年也该轮到我了吧。”① 众人开始一起附和，早把先前宣讲的评选标准抛到了九霄云外，无奈之下，村支部书记只好让大家把认为除名单之外的、确实家庭贫困的人的名字添加到名单后面进行最终统票。看似合乎了所有人的心意，做到了公平公正，事实上，在村干部来看，出于自利的心理，大多数人都会将自己的名字加上去，但由于票数分散，所以并不会影响到低保评选的最终结果。其实大家都明白其中的道理，把自己的名字添加上去只是为达到心理上的一种安慰和平衡。

通过民主评议，确定了57人作为低保对象并报送了镇政府审核，但让人意外的是，最终核准的低保名额却有83人。为什么政府的审核反而越审越多呢？这正是在低保评议制度之外“要低保”的原因。村主任说：“搬迁以前，低保工作相对好做一点，但搬迁到社区后，大家基本上遇到什么事情都不会再到村里解决，而是直接去镇政府闹，镇政府为了安抚人，有时就直接处理了，也不过问村里的意见，搞得村里很被动，里外都不是人。”② 村主任举例：“有人生病住院了，就跑去政府要低保，领导被缠得没有办法，就给同意了；还有年轻人，完全有劳动能力，就是不愿去做事，三天两头找政府的碴儿，非要给他评低保才算数；还有些计划生育超生的，家里三四个娃娃，生的时候没有想到困难，生出来养不起了就要低

① 资料来源于工作笔记，RZ20191021.

② 资料来源于访谈记录，FT20191205DF.

保、要补助，不给就把娃儿放在政府门口不走。"① 村主任所说事例中的人物，有的可能算不上精英，或者只是一个村头混混，但另一例却完全可以作出精英俘获的解释。移民 DG，42 岁，主要从事渣土运输，家庭生活状况处于中等水平，由于为人活络，交际广泛，村里都认为他"混得开"。这次低保评选，DG 也填写了申请，但村里以不符合低保评选标准为由没有通过审核。DG 知道后，利用自己的人脉关系对村委施压。据村支部书记讲，至少接到"上面"的电话 3 次，都是为他评低保，但考虑到确实影响不好，村委开会都没有妥协。不过，在镇政府核准的 83 人低保名单中，DG 却榜上有名。

对于国家资源，移民都希望得到公平公正的分配，但具体到实践操作中，客观地讲，有时候很难做到绝对的公平和公正。就低保而言，大家对真正贫困户评上低保是认同的，但是大多数家庭经济条件都差不多，并没有一个标准的衡量公式能够比较出家户之间的具体差异。而这时，个体性资源的优势就显现出来了，那些能够运用资源的移民就可以顺利地拿到名额，而那些边缘人则只能被淘汰掉。比较极端的情况是，即使移民困难户都可能因为缺乏社会资本而失去资源分配的资格，相反，村头混混还可能通过社会关系或因移民不敢得罪而享受到相应的福利。有时候民主程序并不一定必然获得一个民主的结果，特别是对于像 D 村这样的家门结构非常明显的村庄，民主评选很容易受到血缘关系的影响，小户人家难以突破这种传统家门结构的壁垒而分享到应有的资源。除了社会资源以外，权力也是分配格局中重要的工具。拥有权力也就意味着拥有资源分配的决定权，不同的是，权力的大小会对分配的最终归属起着决定性影响，村干部可以把不符合评选标准的低保人员给刷下来，但政府官员则可以通过其他手段再把他们拿上去。

---

① 资料来源于访谈记录，FT20191205DF.

三、团体层面的利益博弈

围绕移民搬迁后的土地利用问题，政府所采取的基本政策导向是将闲置的土地进行流转，以提高生产效率，帮助移民增收。但土地流转是移民生存伦理的道义选择，而不是完全遵循市场化的效率逻辑。土地流转涉及众多利益主体，既包括移民家庭，也包括经营主体以及政府部门等利益相关者，土地流转的过程实际上是各个利益主体相互联结并在特定的场景下利益再分配的博弈过程。

在历史上，D 村的治理一直是推举德高望重的族老治村。到 20 世纪 90 年代，村支“两委”替代了这种传统的治村模式。搬迁到社区后，由于移民对村干部的不信任感日益加剧，他们迫切希望族内有强有力的领导为大家积极争取利益。于是，自发组建了以村庄社会精英和族内长老为主体的议事团体，该团体建立的主要目的是当涉及村庄利益时能够组织团体力量实现与外界的抗衡。

移民搬迁后，为盘活原 D 村的土地资源，政府积极倡导社会资本进入迁出地开发利用。由于城镇化的发展加大了用砖量的需求，李某和几个朋友一起合股准备在原 D 村的土地上建砖厂。李某与村委商定后签订合同，以每年 3 万元的租金租靠“梅古洞”的一片集体林地，并获得该林地的沙石开采权，租期为五年一租，五年后可续租，租金上浮 15%，合同终止后，甲方应将林地复绿。除不可抗力因素外，在租期之内任意一方单方面终止合同视为违约，违约方须支付 10 万元违约金。在此过程中，村委并未召开村民会议对土地的出租和林地开采事宜听取移民意见，与砖厂老板签订合同后也没有公示公告，更主要的是完全跳过了议事团体[①]。当厂房开

① 议事团体的成立标志着村情事务的处理出现了多头管理现象，村支“两委”作为国家的基层组织与移民组建的团体组织相比，无论从合法性还是权威性都占据着强势的地位。因此，村支“两委”一直视移民议事团体为“挑刺儿”的民间非法组织，这导致了村支“两委”与议事团体之间的矛盾日积益深，也就不可能在涉及村情事务的处理上征求议事团体的意见。

始基建的时候，移民回村阻止了施工，宣告与村委签订的合同无效，要求必须与议事团体重新签订合同。经过多次协商，在政府领导的斡旋下，因议事团体不能作为法定代表人签字，所以合同签订仍然延续了最初与村委的合同，议事团体担负监管责任。虽然合同内容几乎没有任何本质上的变化，但利益的分配则完全不同，原来每年的租金和沙石开采费用全部提留村集体，议事团体介入后，村集体仅能提留10%，剩余租金和开采费用则按户均摊给移民。

由于李某与合伙人因利益发生纠纷，导致砖厂经营三年后停止了生产，按合同约定，李某等人须支付10万元违约金，并将其已经破坏的集体林地复绿，但李某与合伙人相互推诿，不愿承担违约金。议事团体要求村委作为乙方追讨违约款项，而村委则认为议事团体有监管之责，分摊了90%的利益，理应由议事团体出头讨回，村委可以协助。于是，议事团体中的移民陆续开始与李某等人交涉，但均无功而返，当个体化的追讨失效后，议事团体组织众多移民采取集体行动，通过将事情闹大的形式来吸引政府的介入，在此过程中，意见领袖曾明确告知移民："闹归闹，但要做到有理有据。如果通过正常的法律程序，即使后面胜诉了，程序走完下来也不知道要等到猴年马月，但由政府出面解决这个问题就很简单，他们以后要揽事情做就不敢不给政府面子，所以绝不能失去理智与政府发生直接冲突。"① 最终，经过政府调停，李某等人按合同支付了违约金，承诺买树苗将林地复绿。

移民社区作为既开放实则又较封闭的公共空间场域，通过历史记忆、集体利益、血缘关系等，形成了一个强凝聚力、高动员力的团体组织结构，在与外界利益博弈过程中，充分展现了团体资源俘获的博弈能力。一方面，作为村庄的内部力量实现了与村委权力的抗衡，迫使村委将议事团体从"不放在眼里"转向妥协接受并承认其权威性。另一方面，塑造弱势

① 资料来源于访谈记录，FT20180813DLC.

群体形象，通过“闹大”事情、规范行动等策略，引入政府力量介入其中，增强了利益俘获的正当性、合法性。案例中土地流转过程，使政府、村委、经营主体以及移民之间形成了市场阶层的不同利益主体以及利益主体间的分利秩序，而分利秩序进一步推动了利益共享的博弈行动。生态移民搬迁虽然瓦解了个体化的村庄，却催生了作为社区共同体利益争取的议事团体生成，并促使村庄内生秩序得到进一步强化，使在土地流转场景的冲突中实现了集体利益的正当诉求。值得强调的是，不同利益主体间的博弈行动既是竞争又是合作的局面。资本进入村庄后，政府就不再干预，当作为“代理人”的村委与议事团体发生矛盾时，政府又以调停人的角色出面协调，此时议事团体与经营主体以合作区隔村委的得利，而当经营主体与议事团体产生利益纠纷后，议事团体与村委又以共同的利益受损而联结起来，将政府再次引入这一场域中，实现利益分享。在此过程中，政府介入始终是有限的，更多的治理工具仍然是依靠村庄内部秩序的生成来维系基层社会秩序的平衡。

第四节　自发秩序下的差别化生产

自20世纪20年代以来，有关农民经济行为的研究呈现出两种经典的理论争辩，即以恰亚诺夫、斯科特为代表的实体主义“道义小农”观和以舒尔茨、波普金为代表的形式主义“理性小农”观。实体主义者认为生存取向的农民以“安全第一”的“道义经济”为核心命题，他们的经济行为往往是选择那些回报稳定且风险较低的生计策略，一个家庭它既是消费单位同时也是生产单元，农民的道义选择是依赖于稳定而可靠的农业秩序来满足家庭生存的基本需要。形式主义者则强调农民的经济行为绝不是非理性的价值判断，他们与企业家一样追求利润，农民个人获利的动机来源于对投资的理性计算，在比较和权衡各方利益后，以利益最大化原则作出合理的策略选择。无论是道义小农还是理性小农，也无论其经济行为是生存逻辑抑或投资逻辑，在理论层面都合乎理性的假设。农民的生计策略在很大程度上受制于生存境遇与制度性安排，只有摆脱了生存边缘后才可能追求利益的最大化，这表现为农民生计策略的差别化生产。从移民搬迁后对原迁出地的土地利用可以看到这种差别化生产的实践样态，其中可以发现移民基于道义和理性的生存伦理和经营法则。然而，事实上在大多数情况下，移民迁移后，市场自由化促进了移民多元发展的路径选择，不依附于土地保障的经济行为已经超越了实体主义道义论和形式主义理性论的双重假设。

一、自耕：道义小农的生存伦理

“自耕”是以家庭成员为生产单元的农业经营方式，深植于乡村社会的经济实践和社会交易。在生存规则面前，自耕者力图避免食物短缺所造成的生存危机。生态移民搬迁使移民处于消费市场的中心，生产与消费的不匹配引发了移民对生存保障的担忧。对于贫困移民而言，生存的需要不是依靠高风险的市场交换，而是通过自身熟知的耕作技术以可靠、稳定的方式满足基本的安全问题，他们以生存为经营目的，规避那些可能潜在的、不可控的风险所造成的经济灾难，所以也就不会去计算或者追逐利润空间的最大化收益。

在考察回村自耕的移民中，绝大部分移民家庭属于低保户，他们不仅严重缺乏社会资源，而且面对商品经济的生存技能也同样匮乏，继续待在社区依靠微薄的低保难以满足日常消费，而回村耕种至少能够保障最基本的生存问题。从某种意义上讲，粮食生产仍然具有极大的竞争力，仅以廉价的劳动力投入便可以实现自给自足，低成本的生产空间为生存安全提供了有力的基础。尽管小农经济一直被一些学者指出存在一定的弊端，但对长期依附土地生存的农民而言，小规模土地耕种模式具有最基本的生活保障功能，相比市场经济中不确定性的风险因素，传统的生产经营方式要相对安全得多，至少不会威胁到生存安全。

考察中还发现，回村自耕并不能够完全解释为移民的一种经济行为，还包含一种生活的休闲方式。特别是对于中老年移民，在具备劳动能力的前提下，依靠国家补助生活并不是一件体面的事，实则也是对个人生存价值的极大破坏。劳动光荣，劳动是每个人的权利，人们通过劳动来体现自身价值和人生意义，而不是消极地等待来自上天的“恩赐”。D 村的人总是告诫自己的孩子，如果不好好读书，长大以后就只能去讨饭吃。这从侧面说明了 D 村人对待生活的一种态度，以乞为生的人是没有体面的生活，没有尊严的生活，没有人生价值的生活。所以，当在移民社区没有更好的生计选择，移民通过自耕来诠释生命意义和生产价值。在他们看来，自耕除了基本的生活需求，适度的劳作更有助于身心的健康。“长期做农活做习惯了，闲不下来，一闲下来就生病，不是这里疼就是那里痛。反而回村里来，通过薅田挖土，不用打针吃药，一些小病自然就好了。现在种庄稼也不算太苦太累，看到自己种出来的粮食慢慢长出来，心里面就是很高兴，很充实。”① 移民的话语可以理解为传统乡土情结仍然影响着移民家庭对农业生产的态度，农业生产的存在不仅仅是满足家庭最低层次的物质需要，同时承载着移民的价值信仰与文化观念。

移民自耕其实是一种无奈的选择，但也可以说是理性的选择，不管是在社区发展还是进入城市工作，他们的就业资本都不占据优势，然而重操旧业的小农生产却把这种劣势转换成了优势，对于从事粮食生产的自耕移民而言，他们的机会成本、生活成本都很低，一方面经济上实现了自给自足；另一方面并不繁重的劳作反而使他们的生活过得更有意义，劳动不再是生活重压下唯一的必需品，而是以另一种休闲的生活方式呈现。

① 资料来源于访谈记录，FT20190815DG.

二、代耕：理性小农的经营法则

“代耕”与“自耕”是不同的生产方式。自耕是自己耕种土地，仍沿袭了旧有的农业生产体系，虽然移民的居住空间发生了变化，但生产空间并没有实质性改变；“代耕”则有两种经营模式，一种经营模式是原有土地由周边未搬迁户代为耕种，粮食收益根据口头协议进行分配，这部分移民不再参与生产，但却并不意味着放弃，在某种可能的情况下仍然回来耕种。另一种经营模式是移民本身作为代耕者，承接（非承包）已搬迁移民家庭闲置的土地代为耕种，每年象征性地以粮食或折现的方式作为地租进行交易。代耕现象的出现实际上是移民搬迁后对家庭生计经济的重组，使移民家庭的生产方式呈现出农耕与务工并存的二元结构。

虽然移民已经搬到社区，但土地却移不走，除了少量的移民回村自耕外，仍有一部分移民不愿意放弃土地。外出务工意味着土地势必会抛荒，而抛荒后的土地过几年就变成了“生地”，如果不再耕种，由于肥力不足将导致土地板结影响粮食收成。但回村耕种，“一亩三分地”的小规模农业收益仍难摆脱收入低下的困境，同时也失去了更多家计发展的社会机会。为兼顾这两种不利情形，代耕就成为移民行动的理性策略，既能保证土地的延续，又能增加额外的收入机会。如果自耕被视为移民的生存理性，那么代耕则由生存理性转向了经济理性，他们并不完全依附于土地，但与此同时也不完全放弃对土地的保障功能，他们寄希望于寻求土地之外的另一条路径，以实现其更好的发展。

除了土地的代耕，移民本身也可以是代耕者，这成为稳定农村农业生产系统的重要结构性力量。一个不争的事实是，移民搬迁使大量劳动力人口流出村庄，退耕还林压缩了土地生产空间，剩余的土地资源面临耕种效率低下的问题，而因各种原因留在村庄的代耕者则可以重新组织闲置下来的土地维护其生产秩序。代耕移民主要代耕本村留下来的土地，但也并不完全局限于此，基于耕种的便利性，外村邻近的地块也往往成为代耕对象。由于耕种面积形成了一定的经营规模，代耕移民的农业收入并不低于外出务工的收入水平，农业生产的积极性得到很大的提高，代耕移民正成为当前农村崛起的“新中农阶层”。贺雪峰认为：“新中农阶层的经济关系和社会关系都留在村庄之内，他们的利益与村内事务密切相关，因此对村内事务有着最为真切的关怀。他们是村庄公共事务和公益事业最热心的倡导者，是村庄人情最热情的参与者，是农业新技术、耕作新方法最主动的采用者，是村庄社会秩序最有力的维护者。”① 正因如此，他反对通过资本下乡的方式发展现代农业，认为依靠邻里亲朋不规范的低交易成本的土地流入所形成的适度规模经营会因为资本的集中造成中农解体。虽然笔者并不完全认同这样的观点，但如果农村土地完全实现资本化，确实会对代耕移民的生存境遇带来直接影响，最终，他们将不得不又一次面临生计转型。

三、他耕：道义与理性的超越

“他耕”是土地完全承包给农业合作社自主经营，所得收益为折现形式而非粮食形式，这部分移民以“非农”生产为主，生计方式完全实现了转型。这里需要说明一点的是“他耕”与“代耕”具有明显的区别，一般移民搬迁户多与“代耕”者具有亲缘关系，其生计策略选择以“代耕”者的粮食收益为预防性保障，而“他耕”者是捆绑打包给农业生产组织，其生计策略选择以现金流的方式作为补充性保障。“他耕”的经营模式超越了道义小农与理性小农的价值观念，他们认为土地的功能只是满足最低的生活保障，而利用土地所换取的货币现金收益对于基于生活保障的补充无疑是最大化利益的体现，同时，摆脱了土地束缚的窠臼，也为家庭的生计空间提供了更多发展的社会机会。

一方面，“他耕”促使移民生计空间的再造。生态移民不是物理空间

① 贺雪峰．小农立场［M］．北京：中国政法大学出版社，2013：88.

的简单位移，而是生产关系的再生产，“他耕”意味着原有的生计空间解体，必须重塑新的生产空间和生产关系。搬迁到社区后，居住方式由分散到集中，以血缘、地缘为主的村庄共同体转向以业缘、利缘为主的社区共同体，信息来源、就业渠道等社会机会明显增多。从移民身份的转换角度看，一部分移民成为工人，务工是移民生计经济的首要选择，既有向县域外远距离转移的务工移民，也有在县域内近距离进入企业的务工移民；另一部分移民则成为商人，要么游走于各乡镇间兜售各种商品，要么在固定经营场所出售各类产品，要么通过自己掌握的技能在行业内从事商业活动，比如从事运输业、手工业等。总之，“他耕”让移民摆脱了对土地的依赖，迫使自己改变生计策略，选择另一条生计路径来增加经济收入，从而实现家庭经济的延续和发展。

另一方面，“他耕”优化了土地资源配置。耕地的分散化、细碎化导致农业生产效率降低、土地利用可持续性下降，“他耕”使移民退出了农业生产领域，促进了耕地集中化管理、规模化生产，土地资源得到优化配置，现代农业技术能够广泛应用到生产场景之中，农业生产能力和效率大幅度提高，降低了因地块分割不一、耕作轮息不均的生产消耗。不管是统耕统种的试验，还是“三变”改革的实施，移民从土地收益中已经获得了一些感性认知，认识到分散的家庭经营很难适应现代农业耕作技术的发展，只有将土地化零为整进行规模化经营才能让土地利用效率最大化。一位移民算了一笔账：假如种一亩西红柿，种子需要 46 元，农药需要300~500 元，肥料需要 100 元，人工从种植、除草、喷药到最后收割、运输等，至少需要 6~8 个工，按每个工 150 元算，人工费用就需要 900~1200 元。按照传统种植技术，西红柿亩产 1000~1500 公斤，平均以每公斤 2.5 元批售，可以收入 2500~3750 元，除去所有成本，实际种一亩西红柿仅能获得 1000 多元的利润收入。但将土地入股到合作社，每亩地每年保底有 600 元，实际上从近几年移民的分红看，每亩基本上都在 1000 元左右。虽然分红额受到合作社市场经营的影响，甚至少于自耕所获得的收益，但移民却利用“他耕”的方式寻求额外的经济营收项目，使每年家庭经济收入要远远大于单纯的土地收益。

不管移民的生计策略是“道义的”还是“理性的”，其最终目的是为了更好地生存，更好地发展，是家庭生活改善和伦理责任的发展逻辑，并不存在严格意义上的道义与理性的计算。因此，无论是“自耕”“代耕”还是“他耕”，移民这种经济行为都是自发性的经济行为，政府并没有过多地去干预，而是遵循乡土社会发展的内在逻辑，任由其发展，甚至是鼓励移民“自主择业”。从某种程度上来说，这也是政府“无为”的表现，在生态移民相关的政策文件中，均有强调地方政府应围绕移民生计出台支持政策，规划好迁出区产业项目，引导和扶持移民经济发展，但事实上村庄的经济秩序实际上处于一种无序的状态。

小　结

村庄秩序的生成是两种力量共同作用的结果，一是行政外部力量；二是村庄内生力量。当外部力量嵌入村庄秩序中，内生力量则会排挤外部力量在村庄的运行。从治理角度看，由于失去了村级组织的维系，政府对村庄治理面临“委托代理者”的缺失，村庄权力秩序失衡，资源分配出现“精英俘获”现象，村庄经济秩序处于一种自发的差别化生产状态。在权力秩序层面，当村庄秩序出现矛盾时，正式权力资源受到村庄内部运行规则的影响，正式制度难以在村庄顺利展开，只能运用乡土社会的内生性资源实现治理目标，导致正式权力非正式运作的治理困境。在资源分配层面，理性经济人的谋利冲动生成了个体结构在关系网络庇护下获取资源的一种机制，通过村庄非正式制度的“乡土规则”实现对资源的占有，形成了资源分配的分利秩序，导致“精英俘获”的治理困境。在经济秩序层面，政府对村庄发展政策的缺位，使移民出于生存发展动机返回村庄，形成了自发的生产秩序，受制于移民自身社会资本的限制，导致村庄经济发展差别化生产的治理困境。

村庄是移民重要的生产空间，也是社会治理的基本单元，实现对村庄秩序的有效治理对推动村庄转型具有重要的意义。税费制后，国家权力在乡村社会的退出并不意味着“无为而治”，事实上在当前“资源下乡”的过程中，村庄的治理结构和治理方式都在发生改变。这种改变不仅要发挥正式制度在嵌入村庄治理中的导向作用，也需要发挥非正式制度在村庄治理中的补充作用，不仅需要注重刚性机制的整合，也需要柔性机制的调节，从而形成正式制度和非正式制度的“二元”协同治理。

第四章　外生秩序与治理困境：内嵌外治

新社区秩序同样具有二元性，一是传统资源的内生秩序；二是现代规制的外生秩序。村庄内生秩序产生于互惠合作关系情境下的相互依赖，差序优于平等，内在优于外在。新社区外生秩序产生于刚性约束规制条件下的公正程序，规则大于人情，实质大于形式。以血缘关系为纽带的结构性依赖在新的场域空间被业缘、利缘所重构，村庄内生性力量和秩序运行规则不同程度地发生了改变，虽然依然嵌入新社区场域之中，却无法完全施加对社区正式治理的影响，传统村庄的内生秩序被严重削弱，客观上也弱化了社区自治组织，出于重构权威的自利性，社区自治组织进一步强化了与政府行政力量的合作，共同形塑起社区的外生秩序。本章内容主要通过考察社区外生秩序来讨论内嵌外治的治理困境。

第一节　移民社区的秩序形态

生态移民社区是一个建立在传统村庄秩序基础上的社会空间，与原生型社区有不同的社会特征，存在过渡性、内卷化和变异性特征，同时与传统村庄又有新的区别，比如社会交往既延续了血缘、地缘为特征的乡土性特质，又拓展了业缘、利缘为特征的城镇化特质。生态移民社区是政府主导而形成的新型社区，从治理角度而言，与乡村治理和城市治理存在着张力和不确定性，尚未形成一套固定且规范性的治理模式。实践中，基层政府比较普遍的策略是将生态移民社区置于城乡统筹、推进基本公共服务均等化的宏大叙事中，通过城镇化的“物质性整合”使移民在自然流变状态下逐步市民化，但这一过程漫长而艰辛，既是乡村文化与城市文化的消融，又是传统礼治秩序与现代法理秩序的碰撞。

一、传统秩序式微

在生态移民社区，移民将生活习惯、社会资源等移植到城镇中，形成了自我服务体系，联结起社会生活和经济发展的社区共同体，是乡村社会在城镇区域的延展。然而，社会环境的变迁也造成治理结构发生了变化，原村庄治理秩序是由村级自治组织和传统礼治秩序所建构，而礼治秩序在村庄治理过程中占据着极为重要的位置，当这两种治理模式移植到移民社区后，传统礼治秩序就失去了乡土社会根植的土壤，内生性力量式微，制度、规范、组织等多种外生力量开始建构起社区治理的框架，外生性力量逐渐主导社区秩序，维系着社区社会的稳定和发展。也可以说，社区社会的秩序主要依靠政府和村治主体的正式权威来维系，社区社会不再是礼治社会，而是迈向现代正式制度的法理社会。所以，社区秩序不是以社区的内生秩序来建构，而是以社区的外生秩序来建构的。

在市场化的推动下，移民社区经济社会日趋走向开放化，流动性更强，无论经济结构层面还是社会结构层面，当前的移民社区都已经完全与传统乡村社会有所不同，城镇化、工业化、农业现代化的发展，以及社区移民职业身份转变、经济行为选择理性化等，在内外力量的驱动下，社区与原村庄走向一体化发展，二元秩序逐步被打破，这一系列新的变化都对移民社区的治理提出了新挑战。一方面，移民职业身份和从业结构出现分化，一部分移民成为商业化浪潮中的“产业工人”，而另一部分移民则继续“重操旧业”返村从事农业生产，各类经济组织创建，让移民单兵作战模式逐步向集体抱团发展，以灵活经营和利益效率化的方式不断冲击原来的集体经济组织边界，打破原有单一的集体经济发展模式。另一方面，近几年乡村振兴战略针对农村社会经济发展制定了新的土地政策和惠农措施，土地确权、土地流转、规模经营、合作经营、资本下乡、科技兴农等，使农村农民获得了实实在在的实惠，移民不愿放弃农村户籍和原有土地，这无形中给社区移民市民化和社区治理带来了困难。随着就业机会的扩展，移民就业渠道和方式呈现出多元化的态势，农业性收入不再是移民唯一的收入来源，移民加入各类经济合作组织进一步弱化了村集体对移民的凝聚力，村民自治组织与移民之间的纽带在日益开放的社会经济发展过程中日趋式微，很少有人再去关心集体事务，而是更多地关注自身发展的经济利益和效益最大化。移民社区成为一个新的社会生产空间，这些新的问题对社区治理而言，既是机遇也是挑战，也迫切需要新的治理方式来面对社区发展过程的外生秩序。

二、法理秩序生成

政府是社区治理的重要力量，也是社区建设和发展的重要规划者和主导者。从移民社区治理的范围来看，涉及政治、经济、文化、教育等一系列综合性工作，不仅仅是物质文明和精神文明方面的建设，也包括生态文明、法治领域方面的建设。移民社区的形成时间短暂，移民的社区共同体意识淡薄，社区组织发育能力有限，自治功能缺乏厚重的文化基础，只能通过政府加以引导和培育。政府作为社区治理中最具权威性的组织机构，本身具有形成合法性以及决策和执行的能力，能够根据社区治理的发展方向、限度以及地方实际，规划、制定更有利于社区发展的相关政策和规范措施。并且，政府在社区治理中能够组织和协调各行业、各部门之间的关系，整合各方面力量形成对社区跨行业、跨部门的资源支持。能够有效地运用行政、法律等治理工具，规范社会组织和个人行为，保障社区治理的健康运行和良性发展。

从制度的角度而言，生态移民社区虽然并未形成城市社区治理模式，但所延续的村民自治制度仍然实现了移民对社区的自治，村委会在民主决策、民主监督、民主管理、民主服务等方面发挥了重要作用，在一定程度上培育了移民的民主意识，维护了移民的政治诉求或利益诉求，移民在自主参与社区公共事务中建立起社区认同、国家认同，实现了国家治理与社区自我管理的互动和协调，从而推动了社区民主政治的发展。从法治的角度而言，移民经济理性的追逐冲击传统的价值观体系，正深刻影响和改变着移民日常交往规范，利益机会均沾频频发生，社区呈现出“无序”或“乱序”现象，政府通过权威性法治手段维护公共秩序责无旁贷，社区的法治化不仅对违背社会公德、扰乱社会秩序的移民进行制度性约束，构建起健康良好的社区治理环境，而且法治化本身能够有效地保障移民的权益，使移民利益表达和利益诉求更加规范化、程序化，促进社区社会经济发展的公平、正义。

然而，移民社区是从乡村社会土壤中迁移而来的社区，也是从深厚传统文化底蕴的少数民族聚居村迁移而来的社区，因此，虽然在一定程度上破碎了原有的社会结构，但长期所形成的文化基础短时间内却很难消除地方性知识，不可避免地，移民社区仍保留着浓郁的乡土气息和文化机制，原村庄的内生秩序仍然内嵌于社区生活秩序之中，甚至民族风俗、行为习惯等因素对社区的正式治理会带来阻滞。所以，在移民社区并没有因为移民搬迁而骤然地消融传统村庄的礼治文化，而是与社区外生秩序彼此博弈、相互抵牾。只不过，在现代性思潮的冲击之下，内生性力量被外生性力量压制，或者内生规则被外生规则选择性吸纳，在生态移民社区场域呈现出“内嵌外治”的治理困境。

第二节 基层权力关系网络

基层政府作为社区治理主体，行动的合法性来源于国家授权，同时在体制框架下又受到来自上级政府的全面管控，但这种管控的结果束缚了基层政府的发展活力，当基层政府遭遇地方情境的发展难题，就会采取反制策略以应对紧迫的政治压力。权力结构具有功能性和层次性两大特质，功能性是把权力分成决策权、执行权和监督权，三权紧密结合、相辅相成，决策权过大、执行权无力、监督权太弱都直接影响着权力结构的制约关系；层次性是权力主体的等级差异，职权大小随着层级的延伸而渐次缩小，上下级之间是命令与服从的关系。权力结构的功能性和层次性并不是非此即彼的关系，而是相互交织，形成较为复杂的权力关系网络。在我国政治体制下，政府是权力的核心，上级政府比下级政府拥有更大的权力，这种自上而下的权力结构形成了下级服从上级、地方服从中央的权属关系，越是上一级政府权力越集中，越是掌握着重要的资源分配权。在地方社会经济发展中，虽然集权结构使下级政府在政治决策和政策执行方面受到来自上级政府的影响，但由于地方实践的差异性以及压力型体制下的政治激励，下级政府往往将政策进行变通或通过微权力运作嵌入行动当中来消解上级的掣肘，形成“上有政策，下有对策”的局面。

综观整个生态移民社区的治理过程，可以洞悉到围绕着以移民发展为核心，形成了决策层政府、执行层政府和受益层社区的三个行动主体，各个行动主体有其自身的运行逻辑。决策层政府作为项目主导的总“发包方”，通过要求编制项目方案、配套经费、产业扶持等对基层政府下达指令。而对基层政府来说，项目落地具有调动和整合资源的作用，通过“整体打包”的方式捆绑成综合性的社会工程，以调动更多的资源实现其地方发展的目标。社区作为“抓包方”是生态移民项目落地的最终主体，与政府不同的是，政府的“发包”和“打包”是沿着自上而下的路径进行，是指令性的，而社区的“抓包”行动是自下而上的主动行为，是竞争性的。在生态移民过程中，从上级政府到基层政府再到社区和移民，众多主体相互勾连、互动，形成复杂的多重权力关系网络。

一、决策层的行政策略

鉴于众多贫困人口及生存环境压力，以及基层政府薄弱的地方财力，省、市级政府最有效的方式是加大对地方财政经费的投入，用项目制度来调动基层政府的积极性。但同时为了全面掌控基层政府对投资经费的使用，通过设置一些约束指标来实现自身的目标和意图。其基本的权力运行机制包括以下几种。

首先，省政府将生态移民后的产业经济结构调整作为扶贫和生态治理项目进行发包，负责总体方案、立项审批、资金分配、督促核查以及一系列政策支持。基层政府则通过项目申请编制产业发展方案，再由省政府审批下达指令。特别是较大规模的产业发展项目均由省政府制订总体规划方案，确定经费预算、投资规模、产业布局等，然后将方案逐层下发，由下一级政府组织立项，其中包括选址、发展规模、匹配资金、基础设施建设规划等，项目获批后则由基层政府具体组织实施。

其次，层层设立责任制，要求市级、县级、乡镇级政府承担管理责任，明确指定项目负责人，设置项目发展的配套机构，形成分工明确、责任明晰的管理制度。一般项目负责人为各级政府主管地方经济发展的主要领导人，根据发展项目的具体内容会纳入国土、水利、农林、财政等部门成员，这种“条条”与“块块”相结合的管理模式对推动项目事务之间的协调与配合具有积极的作用。

最后，调动基层政府积极性，授予地方配套权，除国家财政转移支付、产业发展专项资金外，各级财政匹配一定比例资金用于基础设施建设。对有一定财力基础的基层政府来说，项目具有半竞争性，除了作为政治任务的行政指令外，项目的成功获批可以重新组织和使用配套资金以加强地方经济的发展。

从各级政府的权力运行机制看，分级发包与科层管理，有利于资金使用的有效性，通过自上而下的各级配套经费，可以在一定程度上动员和管控地方财政经费的投入。就是说，对经费的使用越精细，越能够实现上级对下级的目标控制。但这种控制逻辑虽然可以保证将资金落实到具体的建设项目中，却无法保证资金是否落实到最适宜的地方。换另一个角度说，分级配套资金排除了那些自身财力困难的基层政府，而使得有一定经济实力的地区获得更多的发展机会。

按照省政府对生态移民项目的科层管理制度，上级政府对下级政府的“条条”控制比较有效。权力通过产业发展项目在各级层面被再生产出来，这种分级式的科层管理进一步强化了掌握资源的部门对下一层级的权力控制，因为上级部门所掌握的资源分配具有不确定性，相同的政策对不同地区可能存在较大的弹性自由。而作为基层政府也正好利用这一弹性空间，进一步加大地方投资建设的力度，实现“借鸡生蛋”的行动策略，因此，基层政府往往将产业发展项目整体“打包”，囊括了生态、水利、农林等建设资金，以消解来自上级政府的压力。从这个角度讲，基层政府所执行的生态移民后产业发展政策是一种变通策略，同时，经过打包运作，延伸到最终项目主体的社区，可能会因为社区调动资源的能力有限而使项目变得愈加复杂。

二、执行层的政策变通

上级政府的管控主要体现财政经费的专款专用，如果仅仅依靠产业发展专项资金和各级政府的配套经费，很难实现社区的综合性整体发展战略，更何况上级政府发包至基层，不可能实现完全控制。因为基层行政绝大部分属于“农业财政”，地方实践面临各种复杂的情形，所以基层通过项目打包进行运作就成为一种行之有效的机制。

生态移民社区的产业经济结构调整被镇政府作为一项综合性的系统工程来对待。首先将产业发展项目的任务目标进行分解，但这种分解要能够基本契合于生态移民产业发展政策。比如将产业发展项目分解成基础设施建设、土地流转、坡改梯工程等名目不同的任务目标，然后将这些任务目标又重新整体打包与工业园区建设、城镇化工程、美丽乡村与旅游开发等多个项目捆绑在一起，以实现众多项目资金的整合。

从各级政府的配套政策可以看到，通过一定比例的配套资金实际上获得参与项目建设的决策权，这无疑为各层级政府提供了项目干预的合法权力。基层政府按照专款专用的专项任务的原则投入产业发展资金，仍然遵循着对口经费的规范使用，也就是说生态移民产业发展作为综合性工程，既可以利用专项产业发展资金，也可以整合其他建设项目资金，这对于存在财政困难的基层政府而言，通过项目整体打包能够实现集中投入和扩张建设的合法性，从某种程度上也可以视为基层政府推进项目过程中的创新手段。

除此以外，通过“部门帮乡”“支部结对”“干部驻村”等还可获得额外的支持，但凡巩固脱贫攻坚下乡驻村的部门、单位，都能在一定程度上争取到扶持资金，特别是一些资源较为丰富的挂钩部门，甚至能够单独完成某一项重要的建设任务。由于帮扶资金的指向性十分明确，能够将有限的经费集中到实际改善移民生产生活条件的项目中来，所以，利用部门项目资源结对帮扶是基层政府打包的重要机制。这也可能带来一些意外后果，即强化了“块块”间的投资意向，而弱化了“条条”间的控制意图，使自上而下的条线秩序模糊化。值得注意的是，基层政府的打包机制明显加入了地方社会经济发展的整体意向，一旦权力过于膨胀，则会影响到最终生态移民政策设计的初衷。

从基层政府对产业发展项目打包的视角可以发现，镇政府至少遵循了两条行动逻辑。其一是政策性应对策略，上级政府通过配套政策参与项目决策，专项经费的拨付有利于对基层政府的监管与调控。但反过来，地方实践的复杂性使基层政府仅依靠单一的财政专项很难满足地方实际发展的需要。此时，在不违背生态移民产业经济结构调整宏观政策的背景下，通过部门间的“块块”运作让条线秩序模糊化，使项目资金得以整合而实现地方发展的需求。其二是项目式发展策略，通过生态移民产业发展项目来拉动地方经济发展，除因移民搬迁带来人口聚集与消费外，打造具有少数民族风情特色的移民社区对后期旅游开发提供了条件和基础，通过产业结构调整破解迁出村落的发展困局，等等。值得警惕的是，整体打包可能存在运动式特点，当投资资金较为充足时，基层政府会急于集中投入和扩建，特别是捆绑类项目经费，会出现波浪式或不可持续性特征。在将生态移民社区打造成仡佬族民族风情旅游村建设过程中，基层政府前期集中投建、中期后继乏力、后期又整合资金建设，使整个工程断断续续，正体现了基层政府典型的运动式治理特点。

三、受益层的权力结构

社区结构既是静态的又是动态的。静态的结构作为一种制度性安排，权力来源于自上而下的单向度政治权威，通过发号施令、实施和执行政策方案对社区事务实行管理；而动态的结构强调纵横互动的管理过程，权力来源不仅限于政府权威赋权，同时还有社区内部的组织赋权，通过参与、合作、协商和交换实现社区事务管理目标。从结构化视域而言，社区的静态结构仍然没有发生变化，只是治理方式由村庄治理转向街区治理，但社区的动态结构却进行了重新组合，各参与主体在社区治理过程中结成了新的权力关系，由于参与主体利益取向不同，资源分配在新的权力关系结构中就成为竞争与交易的非制度性安排。

对产业发展项目“抓包”具有竞争性，并非所有生态移民搬迁村落都获得一致性安排，这涉及村集体组织是否有能力和条件能够顺利完成产业经济发展的建设任务。村干部个体能力的主导因素不容忽视，是获得项目支持和发展的重要力量。在案例中，村支书利用个人建构能力与公共关系，直接决定了社区产业发展项目的具体指向。长期以来，村支书与镇政府保持着良好的互动关系，这种关系被作为一种资源运用到项目竞争的实际运作当中。村支书为获得项目支持，到各职能部门极力游说，与村民积极沟通，这不仅显示了村支书对外的个人能力，也体现了对内的个人威望，生态移民社区诸多产业发展项目最终落地在D村，正是以村支书为纽带，形成纵向镇村、横向内外的双向动员效果。

纵向上的镇村一级延续了行政体制内的治理模式，尽管村一级组织是自治组织，但镇政府对社区具有极大的控制力，村支书通过镇政府任命，对政府负责，项目竞争过程本质上是对镇政府执行意志的体现。因此，项目的竞争实际上是人的竞争，是基于对村支书之间的信任和能力的竞争。一般而言，只有那些信息资源更加灵通、人脉资源更加广泛的村支书才可能有获得项目的机会。而横向上的内外动员既要执行政府意志，又要考虑社区移民的内部利益，如何将政府意志准确传递给村民并取得大家的一致支持，考验着个人的策略应对能力和社会威望。多数人同意是社区利益共同体的意志体现，也是社区秩序的主要力量，因而项目的动员必须获得社区内部大多数人的支持。

移民搬迁到社区后，社区组织相较于传统村庄日趋凸显出社会性，有国家行政组织，有民间社会组织，也有市场经济组织，这些组织都有自己的运行规则，并共同作用于社区共同体。从移民的“议事团体”案例中，我们可以视为在社区层面的新的治理结构，这种结构包容了行政上的组织结构，但更多体现了组织内部横向合作的特征，意味着社区自主空间的扩大，也意味着社区利益分化下形成了新的社会整合机制。在这种结构中，我们看到对话者、协调者以及竞争者的各种互动关系，开始是议事团体与村庄组织、经济组织间的权力矛盾（主导权）与利益冲突（利益分摊比例），通过政府协调最终达成协议，但随着经济组织在村庄的退出，移民及村庄利益受损，议事团体、村庄组织又站在同一战线发起对经济组织的追讨行动，议事团体以“理性化”策略让政府再次以协调者身份介入。这个过程表明议事团体在与各个组织互动中为占据有利位置、支配关系以及策略规则，极力整合各方权力资源建立新的权力秩序。但这种整合按照涂尔干的类型学解释，是基于一种“机械的团结”而非“有机的团结”，由此所形成的权力关系充满了不确定性。

第三节　移民诉求行动策略

群众诉求是底层社会的政治命题，在国内外形形色色的诉求行动中，形成了以弱者身份和法律为武器的两种解释框架。结合移民社区案例，移民群众的诉求更多体现在中国传统道德伦理系统的价值层面寻求解决方案。笔者将这些诉求行为表现总结概括为博弈型行动、表演型行动和屈尊型行动三大范式，以此考察新社区场域的治理秩序。

一、博弈型行动

博弈型行动是移民为诉求更多利益（合理的、无理的、合法的、非法的）而与政府进行博弈的一种行动策略。移民为实现自身利益诉求，往往自恃身份和资源，采取各种不同的“受益最大化”“受损最小化”的最优策略组合，与政府进行理性而非暴力性博弈，由此构成了博弈型行动矩阵（见表 4-1）：

表 4-1 博弈型行动矩阵

行动策略＼利益诉求	合法诉求		非法诉求	
合理诉求	A 类型	集体行动（强关系）	B 类型	集体/分散行动（弱关系）
无理诉求	C 类型	集体/分散行动（弱关系）	D 类型	分散行动（强关系）

在 A 类型博弈中，移民的利益诉求表现为既在政策制度、法律规范范围内，又合乎情理和传统惯习，利益博弈与利益诉求之间具有强关系，这时候移民表现出强烈的集体行动，形成一呼百应而进行集体抗争的行为。在 B 类型和 C 类型博弈中，移民的利益诉求表现为合理但不合法，或者合法但不合理所采取的不同行动策略，由于移民的利益博弈和利益诉求之间存在弱关系，利益认同并不必然地取得一致性同意，可能出现集体行动或分散行动的不确定性情况。在 D 类型博弈中，移民利益诉求既不合理也不合法，属于“光脚不怕穿鞋”式的无理取闹，但只存在于个别移民的自主性行动中。

根据信访记录，2015 年到 2019 年间，生态移民社区共发生 48 起有关移民利益纠纷的信访事件。其中合理合法型 16 件，主要涉及生态移民搬迁补偿金安置问题、宅基地复垦补偿标准问题、土地确权面积不符问题等；无理非法型 7 件，主要针对移民要求解决个人低保、统建指标、公益岗位等问题；合理非法型 13 件，主要包括移民就业培训问题、开荒土地权属问题、农用车违规载客处罚纠纷等；无理合法型 12 件，主要问题是移民安置房外饰复古及亮化、移民股权占比及股金分配等。在这些信访事件中，有的持续时间相对较短，有的则持续经历长达三四年时间，但移民采取行动后大多得到了让人满意的结果。在这些信访事件中，一些移民行动往往不是一次或两次，而是多次反复不断地诉求，成为移民的“意见领袖”或

“信访专业户”，当政府作为息访条件而满足其利益诉求后，又会出现新的要求与政府进行新一轮博弈。

维护群众利益，保证社会安定团结一直是基层政府年终绩效考核的一项重要指标，特别是对一些影响较大、范围较广、性质恶劣的群访事件，基本实行“一票否决制”。因此，各级政府将“维稳”作为全年重中之重的核心工作，Z镇政府作出了“小事不出村、大事不出镇、难事不出县、矛盾不上交”的工作部署。按照以往传统的稳访策略，镇政府及信访责任部门主要通过政策解释、内容登记、拟办解决、要求建议等方式的正式程序，但面对移民社区新的、不间断的利益诉求，必须花费大量的时间和精力去接访、控访、劫访、稳访和息访。在县政府信访工作专项资金保障制度的规定中，明确信访责任单位必须无条件第一时间将上访群众接回原居住地，所产生的交通、食宿等费用从专项经费中列支，对生活困难的上访群众，可以在衣、食、住、行、就医、就学等方面提供临时性救助，以达到息访罢诉的目的。这种制度安排为上访群众的合法权益提供了便利通道，也给上访群众某种心理暗示：利益诉求可以通过上访的形式达到目的。政府对关系群众切身利益的事情都是保持积极的态度，欢迎人民群众提建设性意见，并积极帮助以解决其困难。但移民的利益诉求往往伴随着与政府的各种讨价还价，以期获得更多的利益，而政府为保持社会和谐与稳定，避免事态恶化发展，通常情况下都是遵行“不出事逻辑”进行安抚，以达到息事宁人的目的。

博弈型行动作为底层的政治视角，不同于斯科特笔下诸如怠工、偷盗、说谎、破坏公物等“弱者的反抗”，而是一种公开的、利用“弱者身份”的博弈行为。这种行为的发生，与压力型维稳社会治理制度有关，明确分层分包责任人、量化事件发生处置数等，矛盾纠纷处置更多地体现出“人治”特点，其依赖于领导的个人权威与治理艺术，而缺失了法理性权威和治理原则。在利益多元的底层社会，很难平衡各方利益，一旦处置失当，就可能引发更多、更大规模的博弈行动。反过来，政府为防控、稳控，又不得不采取各种非正式手段尽量协调、安抚，满足博弈者的利益诉求。从另一个角度看，在这种压力型维稳治理制度下，权力小、责任大，基层政府往往采取贺雪峰所言的“不出事逻辑”进行“消极行政”，向上负责的政治思维使移民的利益平衡大多停留在应付层面，临时性的利益诉求满足并不能从根本上彻底解决深层次的利益纠葛问题。

二、表演型行动

在社会生活中，我们常常听闻或看到群体或个体为诉求既得利益而在某些场合服毒、跳楼、静坐、围堵等事件，这些事件被学界定义为一种表演式抗争形式。所谓表演式抗争是“指通过诉诸某种戏剧化、消费性、参与性的表演行为来传递并表达抗争诉求的一种底层行动方案和政治实践”①。行动者在行为表演中，不论是个体性的参与还是群体性的参与，都具有指向明确的具体的利益诉求，而这些利益诉求往往难以通过正式的利益表达机制得到解决，希望采取非常规的行动表演引起公众注意，倒逼政府或相关部门解决切身利益。而事实上一些温和的、和平的诉求行动通常得不到政府足够的重视并迅速采取措施妥善解决，反而是一些比较过激的、粗暴的诉求行为更能吸引公众眼球并使得政府不得不为控制不良社会影响而极力安抚。

按照类型学分类，可以把表演型行动分为个体表演和集体表演两种形式。个体化行为表现出比较极端化的行动倾向，如跳楼、跳河、服毒、自残等过激的极端行为；集体化行为表现最突出的特征是规模化，其行动方式可能是暴力性的打砸抢烧，也可能是非暴力性的静坐或围堵。一个值得探讨的现象是：表演型行动越极端化、越规模化，则利益诉求越容易达到

---

① 刘涛．情感抗争：表演式抗争的情感框架与道德语法［J］．武汉大学学报（人文科学版），2016，69（05）：102-113.

预期结果。下面仅选取两例典型案例分别从个体表演和集体表演的行动策略来考察秩序的生成图景。

❖案例 1　个体表演行动①

移民 DCF，女性，42 岁，早年与丈夫外出务工，后丈夫患脑瘤医治无果后回村养病，家中有三孩及 68 岁的老母亲，家庭享受统建指标安置房和低保名额。2019 年 5 月，老母亲接小儿子放学，途中遭遇车祸，母亲身故，儿子重伤。警方闻讯赶到后，控制住肇事者，并及时将伤者送往医院。为获得赔偿，移民拒绝下葬亡者，但同时肇事者也无力承担赔偿费用。移民遂将亡者停放到政府门口，要求政府主持公道，赔偿丧埋、医疗及生活等一切费用。为避免事态扩大，政府基于人道主义先行支付了 3 万元丧埋费，后续医疗费及生活费用则通过向肇事者提起诉讼的司法途径予以解决。最终，法院判定肇事者服刑 8 年，并赔偿共计 12.273 万元。然而，由于肇事者关押收监，赔偿问题一直遥遥无期，移民在难以负担家庭生活的情况下，走上了各种讨要医疗费的行动之中。8 月 26 日，移民将孩子扔在政府门口，继续向政府控诉，要求支付后续费用，镇政府以已经通过司法途径解决为由，拒绝了移民的诉求，但出于对家庭遭遇的不幸的同情，在镇领导的带头下，政府工作人员捐赠了数额不等的钱款，共计 2050 元。

❖案例 2　集体表演行动②

因为生态移民事情所引发出来的一系列矛盾和问题很多，比如，自建户没有获得统建名额心存不满，计划生育超生的移民子女没有得到补助，困难移民千方百计想占点小便宜，无所事事的移民也总是提出一些稀奇古

① 资料来源于访谈记录，FT20180713DCF.
② 资料来源于工作笔记，RZ20141021.

怪的要求，等等。刚开始移民意见都较为分散，能够控制在一定的范围，但慢慢在移民群体之间逐渐形成了一个个小团体。最开始移民们曾聚集三五人冲进镇政府的办公大楼，严重影响到正常的办公秩序，社会影响恶劣，派出所抓了几次，拘留了一些移民。当激烈的正面冲突难以奏效后，移民开始改变抗争形式，在镇政府门口将各自的诉求写在纸壳上挂在胸前，就那样静静地或坐或躺，形成了一道怪诞的“风景”，随后越来越多的移民也纷纷加入抗争行动中。此时，党的群众路线教育实践活动正在如火如荼地进行，督察组在了解和掌握这一情况后，要求镇政府尽快查摆问题，拿出整改措施，圆满地解决移民群众的困难。在上级政治压力下，镇政府对移民的诉求均给予了最大限度的解决。有的原则上同意纳入低保范围，有的解决了公益岗位，对超生的移民也给予了补助，等等。

表演型行动最大的优势在于低成本。案例 1 中正式的司法渠道耗费了较高的时间成本，最终因其肇事者无力偿还而难以获得相应的赔偿费用，同时医疗开销又使整个家庭陷入生活绝境之中。但是，不管是停尸政府大门，还是将孩子扔给政府，移民都以最小的成本代价获得了一定的利益诉求。在案例 2 中，我们同样也没有看到移民通过信访的正规渠道或者法律的正式途径解决其各自的利益诉求，而是通过静坐、挂牌等日常骚扰的低成本剧情表演来伸张自己的利益诉求。作为底层群众，在社会行动中处于弱势的地位，其政治资源、经济资源、社会资源等都极其有限，而正是资源的有限性使移民只能采取更低门槛的资源行动。

从个体表演的案例看，情感交换是获取利益诉求最重要的法宝。“死者为大”是人们的心理预设，政府支付丧埋费更多是出于道义上的关怀。人性本善，“将心比心”的情感动员，使这种情感交换行为构成了底层群众对表演者情感支持的延伸和深化。而从集体表演的案例看，规模效应是策略行动的重要砝码。刚开始少数人的行为方式并不是利益诉求的最佳途径，转向三五成群的聚集静坐也无益于问题的解决，但当人数聚集到相当规模后，就可能会形成不可预料的社会焦点性事件，在这种情况下，规模化的表演形式就转化成对地方政府的政治压力，一方面来自上级组织或机构的压力；另一方面来自表演行动本身所形成的“势”。规模效应所产生的压力传递机制使地方行政主官对利益诉求相关者作出最大限度的回应。

对于移民的行动策略，其目的本身并不是为了消费戏剧化的“表演”剧目，而是为了表达自己的利益诉求，“表演”仅仅是移民低成本的理性选择，只有通过“表演”的形式，行动者才能将诉求公开化，而只有公开化才能形成社会舆论的有效监督，在舆论监督和政治压力下，移民的利益诉求才可能得到解决。表演型行动的优势是用较低成本将利益诉求政治化的过程，如果说合法诉求、依法诉求等是行动者解释底层政治的行动策略的话，那么表演行为则是行动者解释底层利益诉求的过程视角。

三、屈尊型行动

屈尊型行动是为达到利益诉求目的而以牺牲人的尊严为代价的行动形式，它与“弱者身份”的博弈型行动和“剧情演绎”的表演型行动相比，屈尊型行动兼具了两者的“身份”特征和“表演”特征。委曲求全表达了困弱群体对诉求行动的资源稀缺性，而牺牲尊严则传递出底层利益诉求悲剧化的行动逻辑。在前面的案例中，笔者考察了生态移民过程中移民博弈行动和表演行动的秩序形态，以下则从移民屈尊的行为作出另一种为获得资源的底层诉求解释框架。

搬迁前的D村水利资源丰富，独特的地质构造使D村具备利用水位落差进行发电的先决条件。1962年，人民公社通过村集体生产队修建了一条宽约1米、长约4千米的堰渠。由于这一时期实行“一平二调”的制度安排，修建占用的社员土地供国家无偿调拨和使用。党的十一届三中全会后的土地改革，明确堰渠归村集体所有，供电所负责对电站进行维护和管理。随着国家电网组建完成，D 村水电站功能日渐削弱，到 2002 年，水电站不再发电输电，电站被完全弃用。移民搬迁后，为盘活 D 村水利资源，镇政府通过招商引资，重启了电站计划。2016 年底，重庆一家民营电力公司获得 D 村水电站开发权，并于 2018 年 7 月开始入场对原有堰渠进行修复。

移民得知消息后阻止了电力公司人员施工，原因是堰渠属村集体土地，政府将土地卖给企业，而村集体任何人都没有得到土地补偿费。一些移民到社区向村委会询问的时候，村委会的答复是并不知道有没有补偿费。这让移民们对村委会产生了较大的怀疑。在信息传播不断放大和歪曲的过程中，补偿费被村干部平分的传言在移民之间蔓延，而移民要求村委会把从搬迁开始以来的村财务向大家公开的诉求也同样没有获得成功。气愤难平的移民到镇政府反映了村干部私自瓜分补偿费的问题，但被工作人员以“政府会调查清楚，积极了解相关情况”为由进行了软处理。经过移民们前后陆续多次向镇政府诉求补偿费的事情均没有得到明确回应的情况下，于 2019 年初，趁着大多数外出务工移民回到社区，数百名移民组织起来到县政府讨说法。与此同时，已经停工半年多的电力公司也组织施工工人和移民一起去县政府请愿。

一时之间，县政府门前人头攒动，到处都是人，有移民，有工人，也有围观群众。县政法委书记出面对移民进行规劝，但政法委书记对移民诉求的根本性问题没有明确的回复。无奈之下，移民要求面见县长。然而，虽然县长在正常办公，却一直没有露脸出面回应移民的要求。到下午 1 时，移民情绪越来越不安。据村支书 LDG 回忆，当时一位 70 多岁的移民突然跪在大门前，大声诉苦：“县太爷，我的青天老太爷，不是让你断案，也不是让你拿钱，就是想知道当年我们饿起肚子修的堰现在有补偿没得……”① 随着移民的跪诉，越来越多的人加入下跪行列。但直到傍晚时

① 资料来源于访谈记录，FT20190715LDG.

分，也未见县长身影。

后来，移民们下跪求见县长的图片和视频被围观群众上传到网络，并迅速发酵，下跪事件一时在社会上引起强烈反响。市委、市政府立即召开紧急会议，对县领导不关心群众、漠视群众利益以及严重的官僚主义提出了严肃批评，并责令县委、县政府迅速采取措施认真对待和回应人民群众关切的有关问题。几天后，县委、县政府依据党政领导干部问责制，对县政法委书记、县长作出撤销党内职务和行政职务的处罚。

一个弱者最重要的资源是生命和尊严，“人活一张脸，树活一身皮”“死要面子活受罪”，这些古老的谚语诠释了尊严对人的重要性，越是弱者，越将尊严看得比生命更重要，因为在他（她）所有的生命财富中仅剩下唯一的尊严。下跪，在中国传统礼仪中具有多重社会意义，跪长辈表尊重，跪天地示祈求，跪师者为谢恩，跪逝者为哀悼，跪庙堂以忏悔，等等。有研究认为，“悲情抗争中的下跪是弱者武器的表现形式。它具有三重含义：一是乞求。在民众权利得不到保障的状况下，下跪表达的是民众的万般无奈。二是屈辱。下跪用行为艺术的方式，表现了民众在资本和权力面前的无力感和屈辱感。三是政治象征。下跪象征着民权的薄弱，象征着主仆关系倒置的伦理悖境。”① 在案例中，移民以下跪牺牲尊严的方式来换取“父母官”的同情和悲悯，同时这种以屈尊的下跪形式事实上也容易形成道义上的压力，当社会力量的介入（舆论）引起“蝴蝶效应”扩大影响后，必然会促使政治系统作出相应的反应。移民的诉求并不是要“跪”掉“父母官”，政法委书记和县长也不是直接抗争对象，移民只是将越级诉求表达作为提高行动成功概率的理性方案，这也是移民的一种自我保护意识，越级表达规避了受直接诉求对象打压的可能，而作为底层困弱群体的政治智慧，“只信大官，不信小吏”的文化心态，使他们深深以为，官

---

① 王金红，黄振辉．中国弱势群体的悲情抗争及其理论解释——以农民集体下跪事件为重点的实证分析［J］．中山大学学报（社会科学版），2012，52（01）：152-164.

位越大，越会维护自己的权威和形象，只有卑躬屈膝，苦诉衷肠，才可能遇到公正无私的“包青天”，才能维护自己的权利和利益。虽然这样的行为缺乏法律基础，但有时也正是这种牺牲集体尊严的屈尊行为在一定程度上促成了上级政府的安抚行动。

第四节　政府规划现代化

改革开放以来，国家卓有成效的规划有力地推动了中国现代化建设，“规划现代化”早已成为地方社会经济发展的有效形式。但是，“这种规划性行为一旦越过合理边界，便会不可避免地对现代化建设造成诸多的负面效应”①。谢元媛认为，“规划现代化”的内涵包含三方面内容：“一是含有总体性历史观的预设；二是包含着简单化的含义；三是含有忽视地方性知识的意味。”② 生态移民是政府的规划现代化项目，旨在通过对贫困落后地区贫困人口的生产生活改造推动现代化进程，达成全面小康社会实现的政治目标。在实践中，地方绩效考核机制、政治锦标赛体制等综合因素，使这种规划性逾越了合理的边界，体现出政府单向度价值判断以及简约治理的线性思维。下面以镇政府将生态移民社区打造成仡佬族民族风情旅游村为例，考察政府对社区经济秩序的这种规划现代化思维。

一、动员：民居规划

生态移民社区安置房建设分为两个部分，一部分是政府统一规划建设的统建类安置房；一部分为移民自主建设的自建类安置房。由于前期规划建设缺乏统一性，导致移民自建类安置房的样式、工期等与统建类安置房

① 吴忠民．规划性与中国的现代化［J］．马克思主义与现实，2019（03）：167-176.

② 谢元媛．生态移民政策与地方政府实践：以敖鲁古雅鄂温克生态移民为例［M］．北京：北京大学出版社，2010：28.

严重不同步、不协调。县政府领导在考察后提出了新的指导意见，要求两类安置房必须同步建设、统一规划，突出仡佬族文化特色，努力把安置点建成民族风情浓郁的民族团结进步繁荣发展的示范点。随后，镇政府对生态移民社区建设进行了重新规划和定位，即将 D 村打造成具有仡佬族特色的民族风情旅游村。

为规范民居建筑，体现仡佬族特色，镇政府要求所有安置房屋顶统一为干栏式翘角楼。2013 年 6 月 27 日，镇政府会议室烟雾萦绕，人声鼎沸，100 多位移民代表和十多位镇领导干部正热烈地讨论着，这次会议讨论的主题是生态移民社区统一规划打造仡佬族民族风情旅游村的问题。在社区建设之初，政府已经明确规划将移民住房建成具有仡佬族特色的民居，但成本核算下来需要 3.8 万元/户，这部分钱需要移民自掏腰包。

移民 DDL：房子是我们自己出钱修，想怎么修就怎么修，你们也管得太宽了吧。

移民 DCF：当初你们没有说要把房子加个“帽子”，现在房子都修得差不多了，才说封顶要统一加盖儿，修房的钱都是到处找亲戚朋友借的，现在哪里还有钱来做这个？

移民 LK：统建那边你们加盖儿了，不能非要我们也加盖儿吧，要加盖儿你们自己加盖儿，反正我是没有钱来加盖儿的。①

其实，对于镇政府要求统一社区民居建设无可厚非，D 村作为少数民族村，在建筑上希望体现民族文化特色，打造仡佬族民族风情旅游村也是为以后增加移民的收入。但如果一部分是少数民族民居样式，另一部分又是普通的小楼房，单从建筑景观上来说，会显得不伦不类。之所以要统一加盖儿，也不仅仅为了向外展示仡佬族民族的建筑文化传统，同时也考虑到统一规划建设的一致性问题。

镇领导 LJ：大家要顾全大局嘛，照你们的说法，有钱人修个豪宅，无

① 以上资料来源于工作笔记，RZ20130920.

钱人就修个茅棚，这在大街上成何体统？国家对住房建设是有明确规定的，城镇化必须按统一的标准和规划来建设，不是说你出的钱想怎么修就怎么修。我们要打造旅游村为了什么？还不是为了把旅游搞起来后增加你们的收入。现在大家有困难是可以理解的，政府也有困难，你们也要理解。①

但移民始终不同意额外再出资修统一的屋顶，他们希望政府能够承担这笔费用。对移民像这样从政策宣传到动员搬迁再到移民房修建一直反反复复的行为，其中一位领导颇有微词："这些人，他们都是得便宜钱习惯了，任何事情都想政府给他们包办，不能由着他们的性子来，不然后面出来什么事情，他们还会闹。封盖儿这个事情是已经决定下来的，社区的安置点所有房子都必须要加盖儿封顶，统一样式，对不按要求修建的移民就不发放补助。"②

移民们一直闹腾是出于生存理性，对未来不确定性风险心有顾虑，旅游能不能搞起来还未可知。移民不愿加盖儿更主要的原因是增加了住房的建设成本。有移民说："花在修房子上的钱每一分都是算好的，现在要加盖儿的话就要多出来差不多4万元，这几年打工好不容易生活过得好点，但现在所有的钱都投在这房子上，还贷了款，借一屁股债。大家都在修，借钱也借不到，都不知道以后怎么生活。"③ 相对于政府的规范性，移民更注重房屋的实用性——只要屋顶不漏水就行，而不会去在乎美不美观、体不体现民族特色、以后搞不搞旅游的问题。所以在简单的思维制约下，他们认为加盖儿只是为了政府的"面子工程"，掏自己的钱来维护政府的面子，很不划算。

---

① 资料来源于工作笔记，RZ20130920.

② 资料来源于访谈记录，FT20131202WCH.

③ 资料来源于访谈记录，FT20140316DJ.

二、共谋：意见达成

由于住房工程没有完期，准备 9 月份的验收工作也没有进行，而全省范围内其他第一批生态移民安置点也同样存在工期进度问题，市里决定 12 月底再验收，但围绕让移民住房加盖儿的工作仍然毫无进展，后来镇里的领导找了当地商会的几个股东商量。

镇领导 HZ："近几年来，商会为 Z 镇的发展作出了很大的贡献，在此表示感谢。大家应该都知道，现在正在建设中的生态移民新区要打造成我镇的旅游文化示范基地，这将成为新的经济增长点。镇的发展与商会的发展休戚相关，希望大家能抓住这次旅游开发的机会，共同推动生态移民新区的建设。要把新区搞起来，首先要做到科学规划，目前社区的房子已经进入收尾阶段，但屋顶的统一规划问题还没有完全解决。希望利用商会的资源，为政府排忧解难。"①

商会股东 WTL："说实话，现在商会的运转非常困难，前几个项目的经费到现在都还没有拿到手，目前社区的统建部分是我们自己垫资修，要是再加上这部分，实在是资金周转不过来，只有把前面的项目资金结算了才有钱来修。"②

在地方治理构架中，地方政府与民间商会组织是两个相互依存的不同治理主体，也是相互依赖的不同利益主体，政府的权力让渡与商会的权力接受为隐藏在权力背后的利益所驱使。民间商会作为独立于政府之外的社会组织，具有自主性、自治性，与政府之间是一种合作、协商的伙伴关系，有义务协助地方政府分担社会公共事务，而地方政府也可以委托民间商会来完成地方社会经济发展过程中某些工作任务。彼此独立而又充分合作使政府与商会之间，既不属于上级与下级的行政隶属关系，也不属于领

① 资料来源于工作笔记，RZ20130922.

② 资料来源于工作笔记，RZ20130922.

导与被领导的行政控制关系。因此，镇政府在面对统一规划遇到阻滞时，借助商会资源能够更容易“摆平”，但商会并不是非营利性民间组织，而是具有显著商业特征的民间经济组织，在与政府的博弈过程中，利益最大化是商会考虑的首要选择，这也为商会讨价还价提供了机会和平台。

经过几番讨论，最终达成了共识：加盖儿的工程项目全部委托给商会的施工队负责，由商会先行垫资修建，建设费用为每户 3 万元，政府补贴一半，补贴经费通过工程验收后支付，另一半由移民自筹，自筹部分从补助金里扣除。从整个方案的形成过程中可以看到，移民并未实际参与其中，这也为后来政府的方案执行带来巨大困难。

移民 CW：要修建自己修建，给别人不放心，哪个知道会不会偷工减料？

移民 DLC：政府那些人和商会穿的是一条“裤子”，政府在商会参得有股，你看看镇上的哪个工程不是商会的人在承包？

移民 DDL：统建的指标得不到就算了，我们自己出钱修，关键是自己修政府都还要来插一脚，给商会的人修也不是不可以，但起码要事先跟我们商量一下嘛。现在政府“押买押卖”（谐音，强制性），大家心里面不舒服。①

周雪光将“在执行来自上级部门特别是中央政府的各种指令政策时，基层上下级政府常常共谋策划，采取‘上有政策、下有对策’的各种手段，来应付这些政策要求以及随之而来的各种检查，导致了实际执行过程偏离政策初衷的结果”② 总结为政府间的“共谋”现象。国内也有一些社会学者对这种政府的“共谋”行为进行了探讨，但在案例中会发现，政府的“共谋”行为不仅仅局限在体制内，与市场、村庄组织有着密切的互动，如果前面与商会达成共识看作是政府与市场的“共谋”行为的话，那

① 以上资料来源于工作笔记，RZ20130927.

② 周雪光．基层政府间的“共谋现象”——一个政府行为的制度逻辑［J］．开放时代，2009（12）：40-55.

么政府与村庄组织内部的“共谋”行为是最终方案得以顺利推行的关键。

在乡村政治体系中，村委会集基层行政管理系统和村民自治系统双重结构于一身，村委会一方面协助政府管理村务，贯彻和落实相关的国家政策方针，作为国家代理人的政治身份出现；另一方面，他们又不属于国家体制内的编制人员，村庄实行自治管理。村委会既是乡镇权威的国家代理人，又是村庄事务的代言人，不但履行村务职责，还承担乡镇政府的管理职能，国家权力与村民自治的结构性矛盾使村干部往往陷入进退两难的尴尬境地。由于移民的坚持，房子统一加盖儿的问题一直悬而未决，镇政府的领导曾多次在村干部之间讨论：

村支书 LDG：“‘镇里面任命你当支书是看重你的能力，明年就要重新换届选举了，你如果把移民社区的事情都处理得很妥妥当当，下一届的位置还是你的，这不光是我的意思，也是其他几位领导的意思，我们是这样的关系我才说，不然也不会跟你讲，但如果这些事情出纰漏，我也无能为力。’这是他的原话，其实不用讲这些，该我做的工作还是要做，村里的人大多数还是讲道理的，你把政策讲清楚了，他们也会听，就像这个钱的问题，政府还是真心为老百姓着想的，不然也不会承担一半，你自己修同样要花钱，说不定还要花多点，这个账大家都算得清楚，原来要 3.8 万元，现在只要 3 万元，政府承担一半，自己实际上才出 1.5 万元，这个钱也不是马上就用现金来付，而是都从补助金里面扣，即使大家不愿意加盖儿，自己也得封顶，建筑材料、人工工资也差不多要 1 万到 2 万元，还得是现金。所以，大部分人对这个方案还是认可的，最主要是担心质量不好。”①

村主任 DF：“私底下找过几次，说到时候把木料梁子上的雕花包给我做，我不是为了占这点便宜，只是做雕花的工艺外村的人没有我们村的人做得好。政府其实只要把要求提出来，大家按要求来修就可以了，这样我们的工作也好做一点，但非要全部给商会的人来做，肯定会有人不乐意

① 资料来源于访谈记录，FT20170712LDG.

嘛。造成这个局面，确实是他们自己搞出来的，没有和村里面的人打声招呼，村里的人也不是吃素的，搞得现在僵得很。镇里面就一句话，让我们找大家谈。作为村干部，政府给你安排工作任务，再困难也得咬起牙巴骨撑着，但村里人都是乡里乡亲，还是要照顾一下大家的感情。”①

以上的访谈，我们并不能确切地了解村干部内心的真实想法，但从谈话中可以感到政府与村干部之间的“共谋”行为。一方面以政治利益为诱导，通过下届提名选举的预设来获得村级组织的支持，虽然村支书比较“谦逊”地说“不用讲这些”，但从后半段的算账话语中可以隐约体会到对保持当前政治地位的诉求；另一方面以经济利益为诱导，利用工程项目上的分包来获得村委层面的支持，倾向性的资源分配能够实实在在地带来经济利益，即使村主任不是“为了占这点便宜”，但对“再困难也得咬起牙巴骨撑着”并没有多少怨言。在经过镇政府与村干部的“共谋”，以及村干部对移民的一番思想工作后，最终，大部分移民同意了统一加盖儿封顶的方案，意见达成一致。

三、期待：民俗体验

2014 年初，移民社区的建设基本完工。在移民社区入口处，用木料修建的大门雕刻着“仡佬族民俗文化村”，围绕移民安置房的墙上，彩绘了仡佬族饮食、服饰、民俗活动、神话故事等文化内容，街道以青石板铺就而成，每隔一段距离则雕塑一幅仡佬族人劳动的场景。安置房屋檐挂着红红的灯笼，灯笼上交替写着“仁、义、礼、智、信、温、良、恭、俭、让、忠、孝、廉、耻、勇”字样。沿着街道向里走，可以看到一个可以容纳 400 人左右的圆形祭祀广场，仡佬族的节日活动多在这里举行。

为打造仡佬族民俗文化村的旅游品牌，镇政府做足了广告宣传，利用无人机航拍搬迁前 D 村旖旎的美景，又用高清摄像机录制搬迁后仡佬族移

① 资料来源于访谈记录，FT20170710DF.

民幸福生活的画面，广告视频在省城多个电视频道连续播放一个月，省内各大主流媒体均有广告刊登，县城商业街的电子屏幕上持续滚动播放，Z 镇各交通主干道上也打着巨幅欢迎语："仡佬族民俗文化村欢迎您。"经过 3 个多月的文旅宣传，2014 年 6 月 28 日为期一个月的 Z 镇仡佬族民俗文化旅游节正式开幕。

接踵而至的游客在寨门前排着长长的"人龙"，感受仡佬族移民的迎客酒。步入大门，沿着青石板铺就的巷道两边是各家各户新开张的店铺，移民正吆喝着游客品尝仡佬族独特的"三幺台"饮食，点心不仅可以现做现卖，也可以封装带走，酒席中如果游客自诩酒量惊人，能够通过"八叠碗"（与苗族和侗族的"高山流水"类似），可免游客酒水钱。祭祀广场上，歌舞队正卖力地扭着原生态秧歌，锣鼓喧天的高台舞狮更是吸引了众多观众，不时引来阵阵掌声。然而，轰轰烈烈的旅游节在经过一个月的运营后归入平静，虽然不时有零星的游客在好奇心的驱使下仍来感受仡佬民俗文化，但多是匆匆一瞥后失望而归，政府所期待的打造仡佬族民俗文化村的旅游产业就此夭折。

众所周知，返璞归真的"原始"生活体验是人们选择民俗文化旅游的主要动机，当这种体验成为一种想象的文化空间，而不是真实的原生体验，失败是注定的。搬迁前的 D 村，仡佬族民居是原汁原味的旧建筑群落，木架梁柱，茅石掩体，下房篱笆筑墙，楼房竹篾封装，外敷牛粪白灰，依山体而承建，阁楼飞檐翘角，悬栏五谷垂挂，房前屋后竹木葱茏，曲径通幽，人们走入其中自然而然有一种回归自然的舒畅淋漓的感觉。但是，移民社区除房顶可以隐约看到仡佬族民居的影子，其主体结构完全是现代化建筑，最多只能算是城镇化修补方案，这种人设制造的"特色"建筑已经失去了仡佬族民居的灵魂。如果移民社区是仡佬族"浓缩的世界"，那么游客还能真正体验到"他文化"的视觉景观。然而在文化互动的过程中，游客的体验是臆想的文化消费，难以找寻到"真实的"记忆留存。鲍勃·麦克彻（Bob Mckercher）和希拉里·迪克罗（Hilary Ducros）认为，改造文化形态以形成与外界隔离的“环境气泡”，是为了降低文化产品的陌生性以迎合参观者一致性的需求，从而导致人造文化以标准化物质空间的形式出现①。

过度的商业化运作使仡佬族民俗文化村失去本应朴实无华的纯净，除了琳琅满目的各种饮食，实际可供参观、可供体验的民俗文化少之又少。虽然有各种展示仡佬族文化的表演队，但不管从原生态的观赏性，还是现代化的艺术性，其表演作品都显得极不纯粹，很难让游客获得精神上的文化享受。据村里的人讲，这些表演内容并不是完全按仡佬族的生活习俗所编排，还借鉴了其他少数民族的一些文化元素，这也是为什么表演作品显得有些不伦不类的缘故，再加之移民的表现力不足、编排的作品质量不高等因素，使游客的体验度并不高。真正属于对仡佬族文化有所挖掘的应该算是祭祀队，这是D村搬迁前就一直存在的队伍，都是年长的仡佬族老人担任，原来只有祭祀活动才会展现，也没有任何表演性质。为了迎合游客消费，现在的祭祀队加入了傩戏表演，不仅在祭祀程序上更加完善，整个祭祀活动也变得更加丰富。但对于旅游消费者来说，体验主题的单一性很容易产生视觉疲劳，不仅抓不住消费者的人，也抓不住消费者的魂。

一个成熟的旅游景点必然需要科学的规划设计、专业的运营推广和精准的市场定位，但仡佬族民俗文化村前期的规划设计过于简单化，并不是加了一个统一的“盖儿”就成了民居，也不是仡佬族人跳个舞就是民俗。由于没有专业的运营团队，政府所扮演的角色仅起到宣传和组织的作用，整体运营处于散兵游勇式的自组织状态。从市场的角度来看，仡佬族民俗文化村仍然处于“文艺搭台，经贸唱戏”的展演制销模式和简单的市场思维，而对仡佬族民俗文化的挖掘未引起足够重视，这也导致其民俗文化的

① ［加］鲍勃·麦克彻，［澳］希拉里·迪克罗．文化旅游与文化遗产管理［M］．朱路平，译．天津：南开大学出版社，2006：42.

产业化开发及其在文化产业结构中的转化机制方面受到制约。不可否认，当地政府的初衷对移民社区“开发的商机”为移民带来旅游收入充满了期待，但由于缺乏多元的运营手段，依靠“去生活化”的展演文本，不仅难以形成产业链条实现移民社区的发展，同时在某种程度上这种“符号化”的民俗消费更是对仡佬族文化生态的破坏。

小　结

新社区秩序同样具有二元性，一是原村庄内生秩序；二是新社区外生秩序。移民的搬迁并没有骤然地消融原村庄的传统资源，原村庄的内生秩序仍然内嵌于社区秩序之中，在现代性思潮的冲击之下，内生规则被外生规则选择性吸纳，社区秩序不再以内生秩序来建构，而是由制度、规范、组织等力量的外生秩序来建构。

从治理角度看，政府对生态移民政策的整体性输入欠缺对地方实践复杂性的灵活应对。在权力秩序层面，权威导向的分级化治理存在路径依赖，强化了权力关系的生产。一方面，上级政府通过发包控制着资源，对地方政府进行严格的管控，其治理逻辑依靠科层体制的行政权威来实现目标捕获。另一方面，为加强地方政府的积极性，上级政府又授权给地方一些适度的自主权，给予一些政策弹性空间的权力，地方政府恰好利用这种政策设计的结构性漏洞捆绑打包，以消解来自上级的压力，其治理逻辑是通过实践情境来实现政策变通，从而形成了“上有政策，下有对策”的治理困境。通过移民的行动策略，为实现自身利益，移民自恃弱者身份采取各种不同的“受益最大化”“受损最小化”的最优策略组合，与政府进行非暴力性博弈。而当地政府往往采用“不出事逻辑”进行“消极行政”，向上负责的政治思维使移民的利益平衡大多停留在应付层面，临时性的利益诉求满足并不能从根本上彻底解决深层次的利益纠葛问题，形成了利用弱者身份行动的治理困境。从政府主导社区产业经济发展我们发现，绩效导向的眼球效应和强制性改造使规划决策逾越合理的边界，采取“一刀切”方式的简单化处理体现了政府单向度价值判断以及简约治理的线性思维。虽然这种治理手段比较高效，却以阻断信息的闭合环路、牺牲社会的多元包容等为代价，导致认知有限、信息缺失、环境差异以及出现不确定性风险，反而使政府陷入“规划现代化”的治理困境。

第五章　互嵌共治：城乡共生空间的秩序建构

原村庄内生秩序和新社区外生秩序都存在秩序失衡的问题，这也导致其治理分别陷入“外嵌内治”和“内嵌外治”的困境，究其根源，最重要的原因在于政府将原村庄和新社区视为两个独立的单元分策而治，没有厘清原村庄与新社区之间的内在关联。社区治理是国家治理的重要组成部分，生态移民社区治理必须按照国家治理体系和治理能力现代化的总体要求，坚持系统治理，坚持依法治理，坚持综合治理，坚持源头治理，统筹推进城乡融合发展体制机制和政策体系，形成互惠共生的治理格局。基于此，本章从城乡共生的视角，提出“互嵌共治”的治理路径，以国家“五位一体”的总体布局对生态移民社区共生秩序进行理论建构。

第一节　生态移民社区治理的共治逻辑

一、生态移民社区治理的总体转向

后生态移民时期，移民自觉或不自觉地被卷入市场化商业浪潮之中，并表现出强大的适应性。生态移民不仅改变了原有农民的职业身份，也改变了移民的生活质量和水平，同时，移民的生活方式、生活习惯也在潜移默化中重新塑造新的形象。无论是仍然回村生产的移民，还是长期居住在社区的移民，也或者是外出务工的移民，他们都表现出模仿城镇居民的生活方式，消费结构和消费方式几乎与城镇居民没有显著性的区别，这不仅仅体现在吃、穿、住、用、行等基本生活保障方面，同时也体现在娱乐消遣、文化消费等方面。

传统村庄由封闭走向现代社区的开放，社会流动加快，社会活动空间不再局限于内部，随着家庭谱系的弱化、家庭单元的分化，亲戚往来出现差序化格局，新的社会交往网络正逐步重构，理性主义、契约精神也渗透到移民日常社会生活交往之中，以宗族、血亲为纽带的社会交往网络正转向以业缘、利缘为纽带的社会交往网络。与此同时，移民思想观念也发生着深刻的变化，追求自由民主、公平正义等新的价值观体系正在逐步形成。

依附于土地的经济结构、生产方式被彻底改变，以家庭为单元的农业生产经营向以土地、技术、资金、人力等核心要素的合理配置方向发展，农业合作社、“三变”改革等多种经营方式正逐步剥离移民的职业农民身份。随着乡村振兴的农业技术、人才、资金等资源下乡，传统农业生产方式已经向规模化、企业化、现代化方向转型，成为社区集体经济的支柱产业以及移民家庭经济收入的增收渠道，也逐步形成了城乡经济优势互补、协调发展的配置格局。这不仅改变着移民生产生活方式、组织发展方式，也极大地推动了社区社会组织结构的深刻变革。

在生态移民社区，传统村庄的熟人社会向城镇社区的半陌生人社会或陌生人社会转型，“亲疏有别”“不要和陌生人说话”“‘我者’与‘他者’”等意识形态短期内还难以消除，标签化的移民身份、原住民的社会排斥、汉人对少数民族的“野蛮子”认知等，使移民社区公共活动空间被区隔开来，移民与城镇居民的信任关系还未真正完全建立起来。相比传统村庄在更加开放的城镇社区中，社区边界的地域特征比较模糊，城镇居民、搬迁移民混杂相交，社区认同机制、社区公共性、移民归属感等都在发生变化。有学者曾提出一个“相互共享性”的概念，一方面，认为相互共享性是人的一种存在状况，比如同一个社会群体中人总是相互共享着某种文化、语言习惯、思维方式、意义价值等。只要是人，就必然与他人在相互共享着某些事物的基础上生存着。从这个角度说，人不是存在于公共性之外，而是生存于公共性之中。这种公共性体现了人的既定性，是存在的公共性的依据，它往往借助语言在人们的阐释和理解中持存。另一方面，人又不完全是被动的，人可以在自我选择的基础上构建一些相互共享的事物，比如一些社会规范和法律等，它们的公共性是人们基于同意和共识建构起来的，虽然这并不排斥它们也与相互共享的文化传统等相关，因为毕竟人们的建构不是在一种文化虚无中进行，而是在既定的文化传统中展开。这种公共性体现了人的创造性，是规范的公共性的依据[①]。移民社区是一个公共共享空间，在多元主体共同居住、共同生活的社区空间中，彼此相互影响，这不是一种文化对另一种文化的挤压，而是两种文化在日常生活的碰撞中产生新的文化意识。

城镇传统社区管理以政府为唯一的社区治理主体，仅仅能从公共服务的角度去解决社区发展中出现的各种问题，只能从公共管理的角度提供社区发展的制度性供给。而以村委会为基础的社区自治模式，也仅仅能通过原村庄内部续存的权威去处理各类村情事务，仅能满足于社区内部的自我需求。因此，在生态移民社区这种新型城乡社区里，单一的政府治理模式或社区自治模式都可能存在治理“失灵”的问题。它既给城镇社区治理模式和机制带来了巨大挑战，也推动了传统乡村治理模式和机制的发展。基于生态移民社区治理的新问题、新形态，构建新型城乡社区治理机制，是解决后生态移民时期移民社区实现社会良好发展的重要思路。2017 年，国务院颁布《关于加强和完善城乡社区治理的意见》，提出促进城乡社区治

① 谭清华．谁之公共性？何谓公共性？［J］．理论探讨，2014（04）：60-64.

理体系和治理能力现代化，为生态移民社区治理提供了顶层方案。城乡社区治理体系和治理能力现代化不仅仅是生产力的现代化，同时也是强调人的社会关系的现代化。生态移民社区从熟人社会转向陌生人社会，社区居民之间交往较少，甚至互不相识，社区凝聚力下降，协调邻里关系、化解社区矛盾、传达党政方针等面临新的挑战，所以，从社区治理角度来讲，城乡社区治理体系和治理能力现代化体现的更多是社会层面的治理，是人的社会关系调适，是人的现代化治理。之所以生态移民社区治理秩序生成过程中存在各类问题、矛盾和冲突，最根本的原因是移民个体的利益无法得到保障，移民个体的自由发展空间受到限制，人的现代化受到客观条件上的约束。

实际上，现如今生态移民社区的治理秩序已经在发生着改变，政府治理和社区自治兼而有之。一方面，移民社区治理是国家治理的基础，政府作为国家政权组织代表国家权力与社区发生关系，在公共管理和公共服务领域，政府不能缺位，应施以合理的权力干预，为社区提供良好的公共产品和制度供给。另一方面，由于社会流动加快、家庭单元变化以及社区边界调整等诸多因素，移民社区很难再利用宗法、习惯、民俗等来维系社区治理的政治权威，道德礼制和宗族权威已经不能为社区提供有效的治理秩序。当前，虽然生态移民社区仍然是以村委会为基础的“乡政村治”的治理体系，但这种一元治理体系正在被逐步瓦解，开始向着多元自治的社区化方向发展。因为“乡政村治”模式在行政权威体制的控制下，移民社区实质上成为镇政府的“派出机构”，社区自治严重不足。同时，原村庄的经济发展让市场因素渗透到村庄的各个产业，移民的行为方式在商品经济发展中出现了利益分化，要维系不同主体间的利益必然要使治理社区秩序的主体实现多元化。

移民生活方式的转变、生产方式的转型、社区边界的变化、移民利益的分殊、治理因素的新要求等，都为社区自治提供了多元主体参与的基础和条件。与此同时，国家正以城镇化背景下出现的各类新型城乡社区为对象，出台相关建设意见和政策措施，将社会多元力量纳入社区治理结构之中，形成参与、合作、共治的社会治理格局，探索多元主体参与的开放性公共治理模式。总体而言，生态移民社区正在实现总体性转向，实践中的社区治理正逐步从权威管理、主体单一、机制僵化的社区管理向多元参与、协商共治的社区治理现代化方向转变和发展，正逐步形成以政府行政力量为代表的正式制度与以村庄内生力量为代表的非正式制度的“互嵌共治”的治理路径，正逐步形成政治、经济、文化、社会、生态“五位一体”的共生秩序。

二、生态移民社区治理的制度基础

自党的十八大以来，国家一直致力于社区治理的创新。党的十八大报告指出：“要加强和创新社会管理，加快形成有效的社会管理体制。”[①] 在党的十八届三中全会上，社会治理首次替代社会管理进入国家政策话语，社会管理格局转向治理格局，推进国家治理体系和治理能力现代化。第十二届全国人大二次会议特别强调，社会治理的重心必须落实到城乡社区。2016年，《城乡社区服务体系建设规划（2016—2020年）》明确将社区建设成效纳入各级党委政府部门工作的绩效考核。2017年，《关于加强和完善城乡社区治理的意见》颁布，再一次强调城乡社区是社会治理的基本单元，事关党和国家大政方针贯彻落实，事关居民群众切身利益，事关城乡基层和谐稳定，为健全完善城乡社区治理体系、提升城乡社区治理水平等方面提供了顶层设计方案。

党的十九大报告指出，加强社会治理制度建设，完善党委领导、政府负责、社会协同、公众参与、法治保障的社会治理体制，提高社会治理社

① 胡锦涛．坚定不移沿着中国特色社会主义道路前进　为全面建成小康社会而奋斗——在中国共产党第十八次全国代表大会上的报告．北京：人民出版社，2012.

会化、法治化、智能化、专业化水平。打造共建共治共享的社会治理格局，推动社会治理重心向基层下移，发挥社会组织作用，实现政府治理和社会调节、居民自治的良性互动。[①] 2019 年，党的十九届四中全会着重研究了推进国家治理体系和治理能力现代化的若干重大问题。将社会治理体系建设进一步细化为“党委领导、政府负责、民主协商、社会协同、公众参与、法治保障、科技支撑”，建成“人人有责、人人尽责、人人享有”的社会治理共同体。

在一系列报告、会议中，社会治理被反复强调，不断深化和完善，社区治理作为基本单元，逐步由地方实践转变为国家政策，构成了国家治理体系和治理能力现代化建设的重要内容。社会治理的重心在于社区，只有将国家战略下沉到基层社区，以社区为依托，才能切实有效地推进国家治理体系和治理能力现代化建设，也只有明确社会治理主体，形成多元协同参与，才能实现社区治理能力现代化的提升。当前，各级政府在党中央领导下，正从管治型政府向服务型政府转变，共商、共建、共享、共治的治理理念引导社区建设，社区组织体系日益完善，社区自治制度不断延伸，社区服务功能进一步凸显，社区治理主体呈现出多元化与社会化并重的共治合力，治理工具表现出德治、法治、自治“三治融合”的趋势和样态。在多元共治的社区治理格局建构中，社区治理逐步制度化、规范化，开始注重民主协商与社会参与机制，强调多元主体联动与互动表达。从制度层面而言，以国家治理政策为统领，地方社区治理政策为支撑，国家和地方对社区治理不断地作出制度性安排，整体的社会治理框架已基本形成，社区治理呈现出强劲的生机与活力。

具体到贵州省社区治理实践方面，省委、省政府出台了《关于深入推进农村社区建设工作的实施意见》《关于加强和完善城乡社区治理的实施

① 习近平．决胜全面建成小康社会　夺取新时代中国特色社会主义伟大胜利——在中国共产党第十九次全国代表大会上的报告．北京：人民出版社，2017.

意见》《关于加强城乡社区建设的意见》《贵州省社区服务体系建设规划（2016—2020年）》等一系列重要文件，对社区治理工作提供了政策支持和制度保障。为加强城乡社区治理，统筹推动城乡社区建设和村务公开、民主管理，省政府建立了贵州省城乡社区治理工作联席会议制度，会同20多个部门负责人，就健全社区治理体系、完善社区服务功能、提高社区服务水平等方面，对社区治理建设作出具体安排和部署。近几年，贵州省把保障和改善民生作为社区治理的根本出发点和落脚点，逐步形成了“围绕民生抓治理，围绕治理抓短板，围绕短板建平台，围绕平台惠民生”的治理思路和办法，使城乡社区治理体制得到进一步完善，治理能力明显提高，治理绩效显著增强，形成了贵州省社区治理的本土经验。

生态移民社区作为新型城乡社区形态，积极探索“三变”改革，以原村庄集体资产、资金、资源为纽带，打造社区移民利益共同体，使移民公平享有参与社会经济建设和成果分享的权利和机会，不仅增加了社区移民经济收入渠道，而且也培育了社区移民的参与意识，为社区治理民主化夯实了基础。针对社区移民流动性大的特点，镇政府重点构建社区党组织服务平台，以社区党组织为统领，优化事务流程，提高办理效率，依托原村庄经济组织，设置“党员服务站”“先锋示范岗”等，发挥移民社区党组织在社区治理中的战斗堡垒作用。为激发社区自治活力，强化“一事一议”制度，社区组建民间议事团体，实现与社区基层组织的平等对话，有效保障了移民的参与权、知情权、监督权，初步建立起多元治理主体参与议事协商的准入机制、利益诉求机制以及民主评议机制。除此之外，社区还强化少数民族制度伦理在生活秩序、利益分配、民主参与等方面的重要作用，重视民族文化的伦理情境，将一些公序良俗吸纳到社区治理的正式制度之中，在形成制度认同的基础上培育社区移民的现代制度意识。

三、生态移民社区治理的共生动力

社区治理可分为自上而下的政府外在推动和自下而上的社区内在驱动

双重动力机制在发挥作用。自上而下的政府外在推动表现为国家政权建设，是国家治理体系到基层社区的延伸。自下而上的社区内在推动表现为社区自主发展，是社区内部需求所引发而自觉地吸纳进社区治理体系中。

社区治理是社会治理的重要组成部分，而作为社会治理的主体，其中政府始终处于治理主体的领导地位，通过国家权力按照某种特定的秩序和目标对社会生活进行自觉的、有计划的约束或制约，其目的是保障政治统治并保证社会秩序的正常运行。因此，社区治理离不开政府主导。一方面，政府制定相关政策、法律法规，能够为社区治理提供制度保障；另一方面，政府对社区组织、民间团体及居民实现有效监督，能够使社区治理在规范化的框架里运行。

转变政府职能驱动政府合理配置各类治理资源，需要各级政府主动行政，积极作为。党的十八大以来，推动国家治理体系和治理能力现代化已经成为地方政府实践领域的重要工作。社区治理要求政府对社区出现的各种问题作出积极、快速的回应，政府社区治理能力的高低直接关系到社区政治、经济、文化、教育等多个领域的发展。因此，社区治理必然要求地方政府积极有为。政府不再是“守夜人”的角色，而是积极主动提供公共产品和服务的“服务者”，尤其是在新生成的移民社区，公共物品异常短缺、社区矛盾极为复杂、移民利益诉求多元的情况下，都迫切需要政府主动提供公共服务。政府提供服务的过程，也是社区移民参与的过程，而移民的积极参与又促进了政府对社区治理政策和决策的接受度，为政府提供了合法性基础和权威性影响力。

维护公共秩序驱动政府加强社区治理。“现代社会公共秩序的核心是个人自由，而价值表现则是公民伦理。”① 随着移民逐渐融入城镇社会，思想观念、生活方式、公民意识、个体自觉性等普遍发生着深刻的变化，社

① 潘自勉．公民伦理与公共秩序——基于当前政府行政伦理状况的理论思考［J］．道德与文明，2011（02）：118-124.

区公共空间正在逐步扩大并成为移民生活秩序的重要组成部分，移民社会交往无论是广度还是深度都得到了极大的拓展，移民个体与政府组织之间在管理与服从、保障与依赖、权利与义务方面均出现了“体制性焦虑”，移民的个体性安全在松散化的社区原子社会充斥着重重怀疑，利益与理性重构和形塑着移民的价值观体系和行为方式。这些变化对政府维护社区公共秩序提出了新的挑战，公共秩序的供给仍然高度依赖政府的公权力，出于对社区公共秩序维护的需要，政府须加强社区治理。

随着政治经济体制改革的持续深入和推动，社区治理主体由政府一元主体向社会多元主体方向发展，村居自治组织、社区民间组织以及社区移民成为参与社区公共事务的重要力量，社区治理的走向实际上是社区各方治理主体的利益集合，在争取自身利益实现的过程中进行多向互动与博弈，其结果是权利、责任和利益等要素于各治理主体间的配置。其中权利是保障，责任是约束，利益是目标，权、责、利的适当配置构成了社区治理的原动力。也就是说，由于治理主体间利益关系的存在而形成了相互支持、相互制约的利益驱动机制，共同推动社区治理的良序。

在习近平新时代中国特色社会主义思想中，体现社会基本矛盾的命题陈述已经转向人们对美好生活的需要与发展不充分不平衡的深刻判断，将社区文化治理纳入基本公共文化服务的合法性序项之中，这不仅仅缘于政府对社区文化治理责任清单的政治压力，同时也缘于社区民众除刚性生存需求外深层次文化需求的客观现实。在以“参与率”“幸福感”“满意度”“获得感”等价值评估为参照标杆下，必然要求社区文化治理的参与主体将目光聚焦于社区文化建设，激活社区民众的文化参与热情。实际上，对于案例中的生态移民社区，村庄的文化传统虽然与现代城镇文化存在异质性，但经过十多年的相互消融与吸纳，移民社区的文化形态已经发生了新的变化，这些变化既是村庄传统文化要素变迁过程中自我形塑的结果，也是移民求新求变适应城镇社区文化生活的自我驱动。

总之，社区治理是多元治理主体互动的结果，其治理动力不仅存在于社区内部发展的驱动，也存在于政府外向推动的应然之治。治理绩效既来自政府部门的正式治理，也来自非政府组织的关系治理；既依赖于正式制度的治理，也需要非正式制度的嵌入。政府与社区组织、移民个体之间是一种互补关系，在社区治理过程中相互支持、彼此协同，通过合作参与、沟通协调、共同信任，各自发挥其效能和作用，形成合力，最终实现社区治理的共治局面。

第二节　“互嵌共治”治理路径的理论性阐释

生态移民社区治理困境的存在总体上可表达为“城乡治理秩序失衡”，是城乡治理秩序不对称、不均衡的结果。在城乡一体化统筹发展的前提下，城市与乡村互嵌共生、相互依存，城市社区治理与乡村社区治理是共生治理单元，秉承共生理论“对称互惠共生”核心内涵，提出基于城乡共生空间的“互嵌共治”治理路径。具体从三个维度进行理论性阐释：一是公正平等的对称性治理理念；二是开放合作的互惠性治理思路；三是“五位一体”的共生性治理格局。

一、对称性治理理念：公正平等

对称性治理是建立迁出地（村庄）和迁入地（社区）共生秩序的基础条件，也是共生理论理念的彰显。长期以来，我国实行“城乡分治、一国两策”的城乡二元制度，形成了城市和乡村两套不同的治理秩序。所谓城乡二元是指将人口划分为居民和农民，将区域划分为城市和农村，城乡二元制度就是按照城市和农村、居民和农民的划分实行分而治之的管理制度。这种制度的基础主要是基于所有制不同：“城市以全民所有制为主，农村以集体所有制为主。”① 这就造成了国家政策在实践中的分野，对城市、居民实行一套政策，对农村、农民实行另一套政策。实际看来，城乡发展逻辑一直以城市中心本位为核心来呈现，城镇与农村相比，经济政策优先促进城镇发展，城镇教育设施设备更加先进，城镇基础设施建设更加健全，城镇公共服务产品更加完善，城镇社会福利保障更加完备，等等。城乡二元发展模式促使城乡基层社会走向不同的发展道路。一方面，城镇化进程进一步加快，城市体量和规模越来越大；而另一方面，传统村庄正在被城镇扩张所吞没，社会流动加剧了农村的“空心化”。

为巩固脱贫攻坚成果以及乡村振兴战略的实施，国家致力于解决城乡经济社会发展不平衡不协调的突出矛盾，加大了对农村的政策输入，“三农”问题得到极大程度的改善，农民经济收入持续增加，农村经济发展前景向好，农民不想也不愿意放弃农民身份。所以，在生态移民社区，移民的实际生活状态是在村庄与社区之间进行的。移民充分利用村庄与社区的资源，频繁往返于两地之间，最大限度地改善自身生产生活能力以谋取最优的生存价值。这就形成了移民生产在村庄、生活在社区的摆动模式，针对前文已经阐述的政府对移民村庄外嵌内治和移民社区内嵌外治的现实困境，提出对称性治理的共生理念。

对称性治理主要表现为村庄与社区的公正与平等，即在村庄社会和社区社会内，任何移民个体、群众组织都应该享有平等的组织资源，而不应受到地理位置、社会身份等的排斥或支配，每一个社会个体和组织都应该得到公正的对待。具体而言，对称性治理的公正与平等主要包括：第一，移民地位的公正与平等。即移民与城镇居民在政治、经济、文化、教育、社会保障等方面具有同等的地位，破除城乡二元的结构性障碍，避免“政策性歧视”和“身份性排斥”，保障移民与城镇居民在社区内享有同等地位和权益。第二，发展机会的公正与平等。公正是发展机会平等的前提，

① 陆学艺．走出“城乡分治 一国两策”的困境［J］．读书，2000（05）：3-9.

只有保证了公正，才能保证村庄与社区之间、移民与居民之间的机会均等。实现发展机会的公正与平等，需要采取一些“补偿性”政策来平衡两者之间的差距，让每一个移民都能够拥有平等参与的机会和权利。第三，移民权利的公正与平等。移民社区最突出的矛盾和问题主要来源于移民权利是否得到了充分保障，集中体现在教育、就业、医疗、分配、社会基本保障等方面，而移民是否与城镇居民享受到公正和平等的对待是移民关注的核心内容。第四，治理规则的公正与平等。这是生态移民社区对称性治理的本质，也是移民个体地位、发展机会和权利保障都能得到实现的基础，不能在村庄与社区之间执行两套标准，也不能用双重标准去处理和对待两地出现的问题，而是需要建立包容性的政策体系，真正实现村庄与社区的对称性治理秩序。

二、互惠性治理思路：开放合作

对称性治理是村庄与社区共生发展的治理理念，保证移民主体地位的平等和权利机会的公正对待，是生态移民社区治理方式的一种总体性原则和规范，要将这些原则和规范具体落实到治理实践领域，就需要坚持互惠性的治理思路，以更加开放与合作的态度实现资源要素的合理流动和公正分配。随着基层社会治理所面临的环境发生显见变化和国家治理策略的适时调整，依靠各种联结纽带、资源共享、利益往来、情感体恤等因素构成的利益互惠、情感互惠、邻里互惠、同构互惠等互惠式治理在社区生活中不断显现。客观存在的“半熟人社会”、历久延续的“单位记忆”和错综复杂的社区权力结构，构成互惠式治理的社会基础，对社区秩序的追寻和不容回避的互惠互利取向则构成其生成逻辑①。

首先，政府与社会民间组织的互惠。国家治理体系和治理能力现代化

① 陈朋．互惠式治理：社区治理的日常运作逻辑［J］．江苏社会科学，2014（05）：97-104.

不仅需要提高政府自身的治理能力，也要发挥社会民间组织的治理功能和作用。在关于政府与社会组织关系的研究中，比较有代表性的“行政吸纳社会”的治理模式照顾到了我国政府主导社会组织力量薄弱的客观现实，但“行政吸纳社会”的治理模式会造成社会组织的路径依赖，其自主性受到政府权力的制约和束缚，造成社会治理参与不足，难以发挥治理功能。而互惠性治理强调政府与社会民间组织的关系是一种合作关系、互动关系、伙伴关系，其治理形式是基于双方互惠互利的合作治理、协商治理、参与治理，体现政府与社会民间组织资源的双向流动和公正分配，本质上强调权力主体间的平等和多元，通过沟通、协商、合作与互动等参与社区治理过程。所以，构建互惠性治理，需要平衡政府与社会民间组织之间的权力关系，提高社会民间组织的自主性；需要平衡政府与社会民间组织之间的责任关系，建立责任分担机制；需要平衡政府与社会民间组织之间的利益关系，实现双方互惠互利、利益共享。

其次，政府与社区自治组织的互惠。在“乡政村治”格局下，基层管理体制存在两种权力结构，一是自上而下的乡镇政府代表国家行使行政管理权；二是村民自治组织代表社区内村民行使自治权。从制度层面上，乡镇政府与自治组织之间不存在行政隶属关系，只是工作上存在对自治组织的指导、支持和帮助。而在实践层面，乡镇政府往往是将村委会当成派出机构，对村委会工作和村民自治进行行政干预，突出表现在民主选举和村财乡管的问题上。作为维护村庄利益的村民自治组织，村委会代表广大村民的意愿为村民利益服务，以此来换取村民的信任和支持，但同时村委会又承担着宣传党和政府的方针、政策等方面的行政事务，具有了准行政组织的功能。因此，村民自治组织实际上扮演了代表乡镇政府和社区内村民的双重角色，这可能会引发两种结果，一是村民自治组织依附于乡镇政府使村民自治被虚置；二是村民自治组织以各种方式抵制和弱化乡镇政府对村民自治的过分干预。但无论是哪一种结果，乡镇政府与村民自治组织之间都是不协调的关系。而互惠性治理在这里强调乡镇政府与村民自治组织之间的互惠关系，使乡镇政府转变治理理念，进一步明晰政府与自治组织的权责，将行政附属归位于平行对等，加强政府与自治组织之间的双向互惠合作，提高行政效率和效果，这不仅有助于村民自治组织的独立性和行政事务参与的积极性，也有利于形成社区治理的目标认同和一致共识。

最后，政府与移民个体之间的互惠。生态移民政策作为国家治贫治困的发展战略，其目的是为了让贫困人口摆脱生存困境获得更多发展机会，共享社会经济改革的成果，但为何如此利好的政策在实施过程中却并未获得普遍认同？有学者认为地方政府犯了致命的方向性错误——被新的科学发展观所取代的原初的“现代化”思维，政府对边缘少数族群强制的生活方式改造蕴含了总体历史观的预设，“简单化”的“一刀切”忽略了人的感情世界和价值体系的复杂性，同时对“地方性知识”的漠视体现了规划者“乌托邦”设想，脱离了“规划对象”的主体性①。荀丽丽也在研究中指出，国家生态治理行动预设了牧民对草原生态的破坏和负担，将生态移民作为保护草原的根本途径剥离了当地人与草原之间的共生关系②。显然，政府与移民之间的特殊关系最终会促使政府拥有更多的权力空间来主导和规划移民的未来。而互惠性治理就是要打破这种政府与移民之间的结构不对称性和力量非均衡性，重构平等、合作、互惠的关系结构，优化政府的治理方式，矫正政府职能的扩张，站在公共利益的角度，发挥公共产品供给的能动作用，回归公共性，维护移民的权利和利益。与此同时，移民在政府公共产品供给中受益，自觉参与社区秩序的维护，增加了移民对政府的信任感。在部分移民社区治理实践中，正探索移民代表大会制度，这无疑是一个值得参考和借鉴的治理方案，也是互惠性治理的具体体现。

---

① 谢元媛．生态移民政策与地方政府实践：以敖鲁古雅鄂温克生态移民为例［M］．北京：北京大学出版社，2010：171.

② 荀丽丽．“失序”的自然——一个草原社区的生态、权力与道德［D］．中央民族大学，2009.

三、共生性治理格局：“五位一体”

对称性是共生秩序的治理理念，反映了村庄与社区的公正与平等、移民与居民的公正与平等，而这一理念在实践中则体现互惠性的治理路径，实现政府与社会民间组织的互惠、政府与社会自治组织的互惠以及政府与移民个体之间的互惠。遵循公正平等的对称性治理理念和开放合作的互惠性治理理路，可形成“政治共识、经济共荣、文化共融、社会共建、生态共治”“五位一体”的共生性治理格局。

政治共识是党建引领构建多元共治的机制。党的建设是基层社会治理的核心和龙头，其地位和作用不言而喻，就生态移民社区而言，必须强化村党组织在社区治理中的核心领导地位，强化对社区治理的政治引领、组织引领等方面的作用。多元共治是指党组织、政府和群众作为治理主体共同参与社区治理过程，形成党政群共治的治理格局。党的十九届四中全会指出：“必须加强和创新社会治理，完善党委领导、政府负责、民主协商、社会协同、公众参与、法制保障、科技支撑的社会治理体系。”“健全党组织领导的自治、法治、德治相结合的城乡基层治理体系，健全社区管理和服务机制，推行网格化管理和服务，发挥群团组织、社会组织作用，发挥行业协会商会自律功能，实现政府治理和社会调节、居民自治良性互动。”① 这表明，在国家层面，社会治理强调党建组织，强调社会协同，强调群众参与，而这也是生态移民社区治理的核心要义，是政治共识的重要内容。

经济共荣是城乡统筹发展的互惠机制。村庄与社区的这种城乡二元结构本质上是两种不同经济发展形态表现出的生产力差异，它影响和制约后生态移民时期的可持续发展。应该说，生态移民搬迁基本上已经消除了绝

① 编写组．中国共产党第十九届中央委员会第四次全体会议公报［M］．北京：人民出版社，2019.

对贫困问题，但是就整体而言，移民的经济发展还处于低水平、不全面和欠均衡的阶段。由于移民的生产生活在两个不同的空间中转换，生产成本和生活成本都较高，这种“居而不定”的流动性加大了社会治理的难度，究其原因，本质上仍然是城乡经济发展不平衡所导致。一般而言，城镇非农收入要高于农业收入，移民作为理性的“经济人”，理所当然愿意在城镇上获得就业机会，但受制于就业技能、作业规范等城镇现代管理制度，移民实际就业渠道狭窄，受益群体更多集中在中青年移民，且以劳动密集型就业居多。因此，虽然移民确实“人”搬迁了，但实质上的经济发展样态并未发生根本变化。针对于此，笔者提出村庄与社区经济共荣的互惠机制，就是要统筹城乡社会经济，在发展规划、产业布局、基础设施建设、劳动力市场等方面实现一体化发展，特别是村庄土地的开发利用，要能够实现增值增效，通过现代化农业生产模式增加移民的经济收入，缩小城乡之间的收入差距。

文化共融是构建城乡文化共同体的融合机制。有别于传统村庄以血缘、地缘关系为纽带的乡村文化共同体，也有别于现代城镇以友缘、业缘关系为纽带的城市文化共同体，城乡文化共同体应该是以文化观念、文化记忆、文化符码、文化记忆等精神纽带和情感认同的文化自觉，体现城乡之间的文化多元和差异性包容。费孝通曾提出，中国的基层社会是乡土社会，基层社会之上还有不同于乡土社会的“很特殊的社会”①。也就是说，中国社会是一个分化的社会，一个是乡土社会，另一个是城市社会。乡土社会和城市社会的异质性，使城市与乡村的发展在诸多方面表现出不平衡的发展。如果用历史的观点来看，其实在传统中国，城市与乡村在一定程度上是同质的，我们可以从“衣锦还乡”“告老还乡”中找到历史确证。随着传统社会向现代社会的转型，工业文明促使城乡共同体逐步解体，城乡二元的制度性障碍进一步加剧了城乡之间的排斥与隔阂，由此所造成的

① 费孝通．乡土中国［M］．北京：中信出版社，2019：58.

后果是形成了两种截然不同的社会文化形态、价值观念和社会身份。因此，笔者认为有必要重构城乡关系，城市反哺农村、工业反哺农业等解决方案固然重要，但关键的一点是应该力促城乡文化共同体，深层次地解决文化认同问题，不仅吸纳和融合城乡两种文化形态要素，而且包容和允许包括不同地域和民族文化要素的存在，使各种文化要素在同一共同体内多层聚合与互动，形成不断生长、发展、更新的有机体。

社会共建是互助合作的目标认同机制。社会共建是治理主体间通过参与、对话、协商和承认，促使社会成员对目标导向彼此认同的过程。党的十九大报告从统筹“五位一体”总体布局和协调“四个全面”战略布局，为社会治理明确了共建共治共享的主要方向。在具体的生态移民社区基层治理领域，就是要创新社区治理的思路和举措，扩大公共服务市场，通过政府购买服务、健全生态补偿机制等，引导和鼓励社区组织、移民共同参与社区建设，为有效承接政府转移社会管理和服务提供基础和条件。当前影响社区社会共建的主要因素是社区组织化程度不高，企业和社会组织积极性不强，移民参与意识淡薄，由于在短时期内没有形成强烈的情感归属，也就不能凝聚起社区目标的认同共识。因此，笔者提出社会共建的互助合作的目标认同机制，社会共建的终极目的是为了社区社会民生事业的持续健康发展，保障移民在社区内有一个邻里和谐、团结互助、市场规范、安定有序的发展环境。

生态共治是实现移民社区可持续发展的永续机制。党的十八大报告首次将生态文明建设纳入政治、经济、文化和社会建设之中，形成“五位一体”的总体布局。生态移民是生态文明建设的题中之义，是生态文明建设绿色发展理念的重要组成部分。因此，要坚守生态和发展两条底线，以“绿水青山就是金山银山”的生态经济观，诠释生态保护与经济发展的关系，将生态放在首位，作为一种包容性的益贫发展模式，探索生态扶贫的新路径。实践证明，“先污染后治理”是行不通的，必须高度认识到生态环境就是生产力的要素，尊重自然发展的生态规律，合理保护和利用好生态环境，才能发展好生产力，为经济增长提供后劲和空间。中国特色社会主义已经迈入新时代，我国社会主要矛盾已经从人民日益增长的物质文化需要同落后的社会生产之间的矛盾转化为人民日益增长的美好生活需要和不平衡、不充分的发展之间的矛盾。随着经济的发展和社区移民生活水平的不断提高，移民对物质文化生活需要提出了更高要求，对政治参与、公平正义、环境安全等方面的需要提出了更高要求，良好的生态环境成为人民日益增长的追求美好生活的期待。而良好生态环境是人民生活质量的重要衡量标准，也是人民生活富裕的重要衡量指标。然而，现实的境况是：一方面，乡镇政府忽视生态建设和生态治理，移民的生态权责不对等；另一方面，城镇化发展存在将污染源向村庄转移的风险，集中表现为城镇垃圾利用乡村土地倾倒和掩埋。因此，笔者提出生态共治机制，构建生态型政府，积极协调村庄与社区、政府与民间组织、政府与移民等之间的生态利益关系，通过生态补偿机制保障移民生态权益，形成政府主导、社会民间组织和移民共同参与生态治理的合作机制，实现村庄与社区生态的永续发展。

第三节　城乡共生空间的秩序建构

“五位一体”总体布局为党和国家事业发展提供了总体框架和基本路径，国家治理体系和治理能力现代化发展须在这一总体框架下建设。党的十九届四中全会明确把中国特色社会主义制度优势转化为国家治理效能的顶层设计，确立了国家治理体系和治理能力现代化的总体目标。社区是社会治理的基本单元，社区治理是实现治理现代化的着力点，对推进治理体系和治理能力现代化具有极其重要的意义。围绕“五位一体”总体布局，本节从政治、经济、文化、社会、生态五个维度研究建构生态移民社区共生秩序，打造生态移民社区共同体，为生态移民社区治理实践路径提供理论框架。

一、政治共识：建构共生秩序政治共同体

中国民主政治是以政治共识为基础的制度架构，而政治共识是多元社会存续的条件和基础，是公共政策得以顺利实施的基本保障。在多元异质的生态移民社区，建立民主政治必须诉诸政治共识来消弭社会分层所致的阶层差距和利益差异，以提高政府的政治合法性实现社区基层民主政治的政治功能，以及实现社区治理秩序的和谐共生与安定团结。当一个社区以多元、分化、差异为主要特征的秩序形成，意味着这个社区面临政治整合的风险、挑战和机遇，而政治整合过程恰恰是需要社会成员以政治共识为前提，通过制度化整合不同的政治意见，推动社区治理秩序的民主政治建设。

首先，以公平正义为价值导向的政治认同。促进社会公平正义是中国共产党治国理政的重要价值取向，也是全面深化改革的出发点和落脚点。党的十九大报告指出："必须始终把人民利益摆在至高无上的地位，让改革发展成果更多更公平惠及全体人民，朝着实现全体人民共同富裕不断迈进。坚持人人尽责、人人享有，坚守底线、突出重点、完善制度、引导预期，完善公共服务体系，保障群众基本生活，不断满足人民日益增长的美好生活需要，不断促进社会公平正义，形成有效的社会治理、良好的社会秩序，使人民获得感、幸福感、安全感更加充实、更有保障、更可持续。"① 中国特色社会主义进入新时代，以习近平同志为核心的党中央带领全体人民追求公平正义，体现了党的奋斗理想和价值追求。

① 习近平．决胜全面建成小康社会　夺取新时代中国特色社会主义伟大胜利——在中国共产党第十九次全国代表大会上的报告［M］．北京：人民出版社，2017.

马克思主义公平正义观强调社会主义制度的公平正义是要满足人们的生存需要、生产需要和人的自由全面发展的需要，生存需要首先要位于优先位置。习近平总书记多次讲话中谈到“中国粮食，中国饭碗”，言明中国人口众多，解决好吃饭问题，始终是治国理政的头等大事。所以，生存保障问题一直是我国的重大政治议题。国家实施生态移民工程，将不适宜人类居住地区的人口迁移出来重新安置并过上新的生活，正是体现了保障移民的生存权益和社会的公平正义。

当前，我国倡导“四型政府”（法治型政府、创新型政府、廉洁型政府、服务型政府）建设，政府是否以人民为中心，是否促进社会公平正义，成为政府履行好基本职责的价值依归。2019 年政府工作报告中指出：“坚持以人民为中心的发展思想，尽力而为、量力而行，切实保障基本民生，推动解决重点民生问题，促进社会公平正义，让人民过上好日子。”维护公平正义是政府义不容辞的责任，是政府职能最根本的价值追求。

其次，以权利保障为本质要求的政治参与。保障人民的合法权利是民主政治的重要目标，也是当代民主政治发展的主要趋势，移民政治参与正是参与民主建设和公民权利的体现。我国宪法中明确规定“一切权利属于人民”，从法律上赋予移民政治参与的合法性。党的十九大报告同样强调，“扩大人民有序政治参与，保证人民依法实行民主选举、民主协商、民主决策、民主管理、民主监督；维护国家法制统一、尊严、权威，加强人权法治保障，保证人民依法享有广泛权利和自由。巩固基层政权，完善基层民主制度，保障人民知情权、参与权、表达权、监督权。”① 党和国家始终把保障人民享有更多的民主权利作为中国特色社会主义民主政治建设的重要内容和目标。

从政治参与的主体而言，移民是参与新时代中国特色社会主义事业的

① 习近平．决胜全面建成小康社会　夺取新时代中国特色社会主义伟大胜利——在中国共产党第十九次全国代表大会上的报告［M］．北京：人民出版社，2017.

建设者，依法享有进入政治生活的权利和机会。移民政治生活的参与应该是一种自主、自愿、自由的政治行为，有权选择参与，在政治参与过程，和与其他社会群体一样，拥有平等交流、对话和协商的权利，享有公共决策的知情权、参与权、表达权和监督权。

权利保障依赖于主体参与，但分散的个体容易失去有效参与的能力。在生态移民社区，利益分化和多样性成为政府政策制定、实施过程中需要考虑的重要因素，也是保障移民民主权利的现实问题，政府应该尽量规避“管制俘获”所造成的非组织化利益代表政治参与不平衡的现象，提供移民政治参与不平衡的矫正机制，使未组织化的移民个体能够通过组织化的“公共利益代表”参与政治过程。“分散的个体利益通过组织化的方式参与行政过程，不仅可以矫正参与中利益代表的不平衡结构，而且也将获得更强的参与能力。与分散的个体相比，个体利益的组织化可以带来更多的参与资源、更丰富的信息以及对政策制定的影响力。”①

最后，以利益调整为核心的政治整合。政治整合本质上是协调各方利益关系，主要表现为利益分配和调整机制，通过制度化的政策措施，重新组合和分配各类政治资源，调整和平衡各方利益主体，形成规范化的、和谐有序的政治秩序。政治整合是一个动态化的过程，是利益主体通过社会资源的重新分配和调整，将各自利益再分配的动态过程，在一定程度上反映了社会治理秩序的效度。

生态移民社区是利益分化和多元表现集中的社区，在当前的治理环境下，必须进行政治整合，改变刚性的、集中的权力结构，建立一种柔性的、协调有序的政治整合机制。一是发挥基层党组织在政治整合中的主导作用。基层党组织不同于一般意义上的社会组织，而是政治组织，必须履行党的政治责任、巩固党的执政地位和实现党的任务使命，发挥党的优良传统，践行为人民服务的根本宗旨，一切从移民群众的实际利益出发，维

① 王锡锌．利益组织化、公众参与和个体权利保障［J］．东方法学，2008（04）：24-44.

护移民的切身利益。基层党组织要加强自身建设，杜绝软弱涣散现象的发生，努力提高党的领导能力和服务水平，不断增强党组织服务群众的凝聚力。二是发挥市场在政治整合中的调节作用。引入市场机制，通过市场使不同利益群体、利益部门和利益组织之间形成彼此联系、相互协作、互为依存的利益整合关系，最终成为利益共同体。当然，市场有其在资源配置过程中的灵活性和高效性，明显要优于政府对资源的调配，但不能完全忽略政府在分配资源上的公正性，盲目的市场配置容易导致资源分配不均，只有以市场为主导，辅以政府的合理配置，形成政府与市场相结合的共置，才能使政治资源得到更合理的整合。三是提高政治社会化水平的导向作用。通过加强政治思想教育，传播党和国家的政治思想与政治文化，使社会成员认可及认同国家治理体系和治理能力现代化制度下的理念与思路，自觉承担社区公共事务的义务和责任，不断提高移民群众的政治修养、政治素质和政治行为能力，使移民对社区有着强烈的政治热情和政治归属，从而保证生态移民社区政治生活和政治秩序的良好运行。四是发挥社会保障在政治整合中的稳定作用。“社会保障是政府和社会为了保持经济发展和社会稳定，对社会公民因年老、失业、疾病、伤残、生育等原因丧失劳动能力或就业岗位时，依法给予一定的经济帮助，以保障公民的基本生活需要的一种基本制度。”① 这是中国特色社会主义制度优越性的体现，不管是生态补偿还是搬迁补贴，作为国家对移民作出生态贡献的利益协调机制，有利于缓解移民的不适应性和各种利益矛盾纠纷，增强移民对生态移民政策的体认和社会主义制度的政治认同。

二、经济互惠：建构共生秩序经济共同体

经济互惠本质上是经济的发展方式，是多种经济增长方式的组合。传

① 庄锋．试论社会转型加速期的利益分化与政治整合［J］．当代世界与社会主义，2004(02)：21-26.

统农业经济增长方式缓慢，经济效益不高，地方政府在地区经济发展过程中更推崇工业经济。随着国家城乡统筹和全面乡村振兴的推进，城市反哺农村、工业反哺农业，农村的经济发展方式开始转向利用现代农业技术实现农业现代化，工业与农业相辅相成、互为补充，最终实现农村与城市经济发展的互惠模式。党的十八大后，国家大力推进生态文明城市建设和生态文明乡村建设，注重城市和乡村的生态经济发展，其实质是追求生态与经济双向耦合与互惠的新的经济增长方式，实现城市和乡村的可持续发展。笔者提出在移民社区治理秩序中构建经济互惠的互利机制，并不排斥工农业结合的经济增长方式，但更强调生态与经济互惠发展和双向耦合。

绿水青山就是金山银山。生态环境与经济发展之间存在着内在的互动效应。生态环境好坏既是经济发展的条件也是经济发展的结果，良好的生态环境能够促进可持续的经济发展，恶劣的生态环境则会导致经济发展的不可持续性，甚至倒退，反之亦然。案例中 D 村资源丰富，但生态脆弱，属于典型的资源富集型贫困，移民搬迁后，在缺少人的活动过程中，生态环境的自我修复能力有限，村域经济效益明显下降，丰富的资源反而被浪费掉。生态移民不仅仅是为了脱贫攻坚，同时也要紧紧抓住生态环境建设，走生态–经济双优耦合的发展道路，打破“脆弱–贫困”的魔咒，让移民能够实现可持续的可行能力。

民以食为天，食以农为本，农业是我国的根本大计。如果大部分农村人口都移居到城镇生活，粮食生产的安全就会成为大问题。现代生态农业是当前我国农业发展的大趋势和大方向，能够通过农业规模化、机械化、产业化实现投入最小化和产出最大化，而在“现代”和“农业”之间加入生态要素，是要注重现代农业生产与环境保护的关系，强调“反工业化”的农业。现代生态农业的目标不仅是要提高产量、质量和经济效益，更要确保食品绿色、健康，发挥生态安全功能，促进农村发展的可持续性。

首先，现代生态农业要按照“产业生态化、生态产业化”的思路，正确处理农业产业发展与环境保护之间的关系，用生态化的理念发展产业，用产业化的思路发展生态。一方面，要深化农产品加工，延长产业链，将简单的资源要素投入转向依靠科技创新提高附加值，使农业综合效益得到提升；另一方面，要强化环境保护意识，推进清洁能源发展和碳减排工作，改变高消耗、高污染的传统生产作业和粗放型的经济增长模式，大力发展低碳经济、绿色经济、循环经济。其次，要坚持集约化的规模生产道路。贵州山区耕地割裂分散、区块碎化，人均耕地严重不足，农产品商业转化率低，必须调整农业产业结构，提升规模化生产水平，将碎片资源向优质资源集中，优质资源向优质产品发展，优质产品向优质企业提供，优质企业向优质产业聚焦。把规模优势转化为资源优势，资源优势转化为市场优势，打破地理界限，集中区域一体化发展，惠及覆盖更广泛的人群。再次，要因地制宜走契合本地特色的产品方向。强行的“一村一特”“一镇一品”并不可取，而是根据土壤结构、地理区位、销售渠道以及市场份额等综合各种影响因子，找寻适宜本地自身发展的经济路径。最后，要坚持多元的市场化。农业的强地域性和周期性决定了同类产品在同一区间的竞争性，必须打破物理地理空间，充分利用贵州省大数据商务平台，将农产品由本地自给型向全国流通型转变，引导产品品种、结构的调整，强化品牌建设，提升市场占有率。

明确了发展的方向，就要大力推进现代生态农业的建设路径。第一，注重规划布局。规划一直是园区建设的薄弱环节，要将配套的基础设施、完整的产业链条、辐射的服务区域等方方面面考虑清楚，切忌假大空搞“千亩项目”“万亩工程”，必须根据地方实际，因地制宜、科学规划、精心编制。第二，调整产业结构。统筹考虑各地区位条件、资源禀赋，优化现代生态农业的各生产要素，进行区块化布局、规模化建设、企业化经营以及产业化组织等。另外，适当提高第二、三产业的比重，对农产品进行系列化加工，用新技术、新工艺、新装备等扩大产值，提高产品服务能力。第三，整合资源要素。一是加强土地要素整合，推动迁出区农地流转，促进土地资源向专业养殖、农商合作以及优势企业聚集，使农业朝向"集中、集约、集群"的方向发展；二是加强资本要素整合，引导社会资本、民营资本的积极参与，加强劳务、管理、经营等人才培养，注重人力资本的投资；三是加强市场要素整合，突出本地特色的农业产品，融入民族、文化、景观等，促进农业增效、农民增收的目标。第四，严格执行标准。低劣的产品质量影响人们的生活质量和食品安全，同时也制约了市场竞争力。要加强对农产品质量标准建设和监管体系，夯实从产品生产、加工、销售等规范化运作，同时强化食品安全执法职责，为绿色、健康、无公害的农产品保驾护航。第五，建立保障体系。一是资金保障，加大财政经费的投入，引入社会金融资本参与农业开发；二是制度保障，完善现代生态农业经营制度，扶持和发展新型社会化服务组织；三是机制保障，建立创新激励机制，鼓励党员干部、专家、农技人员等参与种养殖发展和产业化经营，带领移民增收致富；四是人才保障，加快农技推广人员队伍建设，依托农业技术职业院校资源，提高移民实用化技术水平，保证现代生态农业发展的活力。

三、文化共融：建构共生秩序文化共同体

文化共同体是建立在长期共同生活和记忆基础上的天然的共同体，体现了人在社会生活中的本质意志，维系共同体的核心力量不受个人理性选择的影响，而是自然的记忆、情感、习惯等文化因素。文化共同体体现的是一种精神家园的象征，是一种集体记忆的文化精神，包括文化观念、价值符码、情感记忆等，这些元素在长期的共同生活中积淀形成，深植于人们的思想观念和情感体验之中，成为融入日常生活的行为习惯和文化自觉。生态移民搬迁受外部环境的干预，原有的村庄文化与新的城镇文化相互交织、彼此冲击，在这杂糅的社会生活空间中，文化鸿沟和文化冲突显

著存在。随着移民适应能力的增强和社区共同体的生成，两种文化最终将会被均质，表现出城镇文化对村庄文化的吸纳与融合，在文化观念、价值符号和集体记忆上，形成社区统一的文化共同体。

在文化观念层面，首先，要肯定和坚持现代生态文明的价值取向。从传统到现代，文化的发展在社会洪流中不断融合与深化，不管是传统文化还是现代文化，都只是文化的一体两面，不存在非此即彼或一种文化取代另一种文化的价值选择。站在国家的角度，现代生态文明是社会进步的标志性成果，城市生态文明建设是地方治理秩序的发展主流和方向。现代化前期的工业文明催生了劳动分工的精细化、劳动组织的集中化以及商品生产的规模化，使得人类的财富快速增长，商品的种类更加丰富，但粗放式、高消耗的发展方式造成资源的巨大浪费和环境的严重污染。进入后工业时代，可持续发展的循环经济、生态经济秉持绿色、低碳的发展理念，是在吸收前期工业文明发展的种种弊端和各类问题后作出的正确的战略选择，也是我国现代化发展必然的价值取向。因此，我们在继续坚定不移地坚持国家生态文明建设的同时，要树立起健康的生态文明价值观念，为社区文化建设提供良好的治理秩序和文化环境。其次，要积极吸纳传统农耕文化的精粹。中华民族的文化其根源来自农耕文化，是千百年积淀下来的文化底蕴和文化遗产，传统的农耕文化崇尚人与自然的和谐共生，推崇自然、恬静、休闲的生活方式，尊重自然、顺应自然、保护自然，这些厚重的农业文明的文化价值观念无疑对现代生态文明发展是一座思想宝库，可以弥补现代工业文明发展过程中的偏见。基于此，选择性吸纳传统农耕文化的精粹对于建构文化共同体至关重要。历史已经证明，“现代文明与传统文明之间并非是一种取代与被取代的简单关系，文明形态的更替是一个吸纳、再生的过程。”① 这表明现代生态文明是对传统农耕文化兼容并蓄、

① 季中扬，李静．论城乡文化共同体的可能性及其建构路径［J］．学海，2014（6）：37-41.

吸纳再生的更高级的文明形态，也促进了移民社区文化秩序的互动与融合，并最终形成社区文化共同体。

在价值符号层面，文化的价值符号是一个地区、民族，甚至国家独特文化的象征，是表征和体现文化内涵的重要载体和形式，反映出不同地区、不同民族、不同国家在历史文化、宗教信仰、民俗风情、生活惯习等方面的差异性。要构建社区文化共同体，不能缺失饱含原有民族和群体的文化价值符号，具体到生态移民社区，主要包括社区规划、民风渲染以及民族文化遗产的传承、保护与开发。具体到了D村而言，首先，在社区规划方面，要全方位打造器物形象的文化符号，不仅仅是表现在少数民族的民居建筑上，而是尽可能地移植和还原移民村庄的整体文化印象，包括民族活动广场的规划、墙体神话故事的书画演绎、民俗景点的传统农具展示以及象征仡佬族民族的文化图腾等，这不仅为近郊城镇居民提供了休闲憩适的去处，让人们回归自然、体验感受到农耕文化在现代城镇发展中的重要文化功能，同时也使移民拥有强烈的民族自信和文化归属，为促进城乡融合构建社区文化共同体奠定了基础。其次，在民风渲染方面，除了器物展示之外，还应给予民俗活动和民族节日更多的文化空间。仡佬族有本民族极富特色的纪念活动和众多的民族节日，政府要大力宣传，甚至主动组织社区居民的广泛参与，让移民感受到自己民族文化在城镇生活过程中得到尊重和凸显的重要作用，进而会获得一种在文化上被接纳和重视而生成的社会融入感与民族自豪感。最后，要特别注重对仡佬族民族文化遗产的传承、保护与开发。那些带有“土里土气”的乡村文化符码和形象，在生活场域的潜移默化中会逐步改变人们对传统的、民族的、乡土的文化艺术的认知和评价。不可否认，仡佬族的一些传统工艺和非物质文化遗产已经没落，漆匠、石匠、篾匠等手工艺人被现代工业化生产机器所取代。然而文化不能丢，一个民族传承的文化更不能就此失去，通过融入一些新的元素对传统艺术和技艺再包装，挖掘其中的文化价值是非常必要的。

在集体记忆层面，作为文化的存续，集体记忆通过过去的知识来获得群体的认同性和独特性，这是维系文化共同体的情感力量。可以说，每个人都可能存在着乡土的记忆，即便是生活在城镇中的小孩也会从父辈祖辈那里获得模糊的记忆，这种记忆流淌在每一个村民的血液中，成为维护群体归属感的社会纽带。因此，在构建社区文化共同体的过程中，一方面是包容和接纳乡土文化记忆。尊重移民在社区生产生活中的地方性文化知识和民族习惯，包容性地理解和看待移民异质的生活方式和乡土记忆，为多元的地方文化和现代文化之间搭建双向互动的交流平台，也为构建社区文化共同体提供丰富的文化资源和文化基础。另一方面是重构民族文化传统。正如前面所提到的传统节日和纪念活动，通过一些具有仪式感的场景，将现代文明理念融入民族文化传统之中，重构民族传统与现代形式的新民俗。

总而言之，社区治理秩序的文化共同体构建应尽可能包容城镇和乡村这两种文化形态，兼容并蓄、求同存异、相互吸纳、共同融合，既保留现代城镇文化的核心内涵，也融合传统乡土文化的精粹元素，充分利用乡土社会的文化观念、价值符号和集体记忆，增加社区文化认同，从而凝聚起社区移民的融入感、归属感和集体感，为社区秩序提供良好的文化基础。

四、社会共建：建构共生秩序社会共同体

社会共建是新时代社会治理的重要内容，强调治理主体的多元参与、互动合作，在法治框架下构建社会共同体。“社会共同体是人们以一定的纽带所联系起来的人群集合体，是不同人群所采取的社会组织形式和存在方式。”① 生态移民社区社会共同体建设不同于业已形成的城镇社区，它还

① 石云霞．马克思社会共同体思想及其发展［J］．中国特色社会主义研究，2016（01）：23-28.

处于生长的初始阶段，内部结构不稳定，利益诉求多元，治理主体单一等，这些问题都不利于社会共同体的形成。在坚持和完善共建共治共享的社会治理制度，加快推进社会治理现代化的新时代背景下，生态移民社区社会共同体的构建意义重大。

首先，要积极培育合作共建的多元主体。不同于传统村庄封闭的社会治理环境，在更加开放、包容和多元的城镇社区，面临着复杂多样的利益诉求，单一的治理主体很难实现对社区秩序的良治，必须寻求多元主体的互动与合作。当前，移民社区的多元主体治理的积极作用没有被充分调动起来，虽然有些主体表现出参与治理的意愿和尝试，但整体功能的发挥有限，治理力量和作用明显薄弱。比如，能够起到拾遗补阙作用的社会组织在社区治理领域的生长还极其缓慢，其服务范围、服务能力、服务质量等都与成熟的城镇社区存在明显的差距。部分社会组织出于利益需求或政府治理需要而匆匆成立，常常处于“无专职人员、无正常活动、无公益性质”的“三无”状态。因此，政府要重视社区治理主体的多元培育与开发。一是以包容合作的参与理念培育多元治理主体，形成政府、市场、社会组织和社区个体合作共治的局面。政府在培育多元治理主体的过程中，要坚持合作、开放、包容的态度来看待治理主体的成长和发展，转变政府职能，赋予其他治理主体更多的治理权限，能够让其他治理主体办的事情交给其他治理主体办。与此同时，政府要健全多元治理主体的配套机制，从准入门槛、政策扶持、资金投入、管理监督等方面推动治理主体的健康发展和良好运行。二是树立和锻造社区移民的公共精神。公共精神是移民在社区共同生活中的行动准则和行为规范，它能够引导移民自觉地作出判断和选择。虽然公共精神于社区治理而言至关重要，但实际生活中社区公共精神的现实场景却极为匮乏。因此，弘扬和培育公共精神是提升社区治理现代化水平的现实选择。政府要以公共责任为己任，以公平正义为宗旨，平等对待社区移民与城镇居民，使移民免受民族身份、经济收入、社会地位等方面差异的伤害。要积极引导社区移民主动参与公共生活，公共精神本质上是一种参与精神，要将移民看成是独立的社会个体而不是行政附属物，基于自由意志和理性判断激发移民的自主意识、主体意识、权利意识和责任意识。可以通过丰富的宣传教育和文化娱乐活动，引导社区移民树立自由平等、公正法治、爱国敬业、诚信友善的社会主义核心价值观。

其次，要构筑社会利益均衡的民主机制。社区治理的核心要义是多元主体共同参与社区公共事务的决策、管理和监督，各治理主体在社区治理过程中扮演不同的角色，也代表了不同的利益集团。均衡利益关系是实现良好社区秩序的本质要求，而民主机制是实现利益均衡的制度保障。政府要利用好这一制度设计，保证多元治理主体在社区治理过程中得到平等对话机会，通过完善利益表达、协调各方利益的民主机制，实现社区治理主体的协同共治。具体而言，首先，要进一步完善社区利益表达的民主机制。移民的需求存在多样性，在不同的阶段会发生不同的变化，要及时了解和掌握移民最关心的需求，畅通利益表达渠道，充分保障移民的话语权。政府可以广泛利用传统媒体和现代媒体加大信息公开透明度，权威解读和宣传事关社区移民切身利益的公共政策，保证移民群众的知情权、监督权，也可以通过恳谈会、干部进社区、民意调查等多种形式广泛征求社区移民群众的意见和建议，让移民真实地表达自己的利益需求和利益保障。其次，要进一步建立协调各方利益的民主机制。不仅要畅通社区移民群众的利益表达通道，更要将这些利益表达付诸政治实践，建立起平等协商、协调各方的对话机制。通过搭建合理的利益协商平台让移民参与社区公共事务管理，减少社区生产生活过程中发生的利益纠纷，纠偏移民非理性诉求行为，弘扬维护公共利益的集体价值观。此外，要加强政府各部门之间的协调关系，厘清不同部门的权、责、利，明确部门职责与分工，防止权力寻租现象的发生，真正做到从维护社区公共利益出发，处理好与移民群众之间的关系，为移民群众提供优质的服务。

最后，要积极引导社会组织发挥社区治理功能。目前，生态移民社区存在社区治理力量不够、治理能力不足的问题，政府需要积极引导建立新的社会组织，增强社区治理的多元力量，推动社会组织参与移民社区治理，发挥社会组织社区治理的功能和作用。一是要实行“政社分开”，加强政府与社会组织之间的互动与合作。政府要将不该管或管不了的社会事务从服务职能中脱离出来，通过向社会组织购买服务的方式转移政府职能。与此同时，政府要充分调动各自的资源，加强双方的互动与合作，及时解决社区发展中出现的新问题，形成分离中有互动、互动中有合作、合作中有共赢的社会共建模式。二是积极发展新的社会组织，推动社会组织自治化进程。要重点培育专业性强的社会服务机构，作为对政府公共服务短缺的重要补充，特别是一些职业化的自治性社会组织，能够比政府更灵活地为社区提供专业性服务指导。政府应该重视社会组织的自治性，不能多过地干预社会组织，“新社会组织的发展既不能依赖政府，也不应该依靠市场，而是依靠自身服务于社区居民服务而形成的各种能力和机制。”①三是要健全社会组织监管体系，规范其社区治理行为。当前社会组织在自我约束、行业自律、公众监督等方面均存在不少问题，导致社区移民对社会组织的信任度并不高，最重要的原因是缺少必要的监管体系。为此，一是要完善社会组织规章制度，健全相关法律法规体系，改善社会组织参与移民社区治理的法治环境；二是要完善社会组织监管机构，改进社会组织活动的监管方式，加强对社会组织的监控力度；三是要增强社会组织的透明度，接受社区移民的阳光监督，规范社会组织治理行为，获得社区移民的广泛支持。

① 杨君，徐选国，徐永祥．迈向服务型社区治理：整体性治理与社会再组织化［J］．中国农业大学学报（社会科学版），2015，32（03）：95-105.

五、生态共治：构建共生秩序生态共同体

绿色发展是生态文明建设的路径选择，是人们追求美好生活的重要体现。必须坚持节约资源和保护环境的基本国策，坚持可持续发展，坚定走生产发展、生活富裕、生态良好的文明发展道路，促进人与自然和谐共生，加快建设主体功能区，加大环境治理力度，推动低碳循环发展，全面节约和高效利用资源，筑牢生态安全屏障。绿色发展理念不但要求转变生产生活方式，更重要的是树立起以生态价值观为核心的思维方式和价值观念，成为社会发展方式和人们生活习惯的自觉实践。绿色和发展互为目的、相存相依，守住生态和发展的底线，既需要依靠科技创新节能减排，也需要发挥政府的导向作用。决不能以牺牲环境为代价去换取一时的经济增长，而要把生态环境保护放在更加突出的位置。毋庸置疑，生态移民搬迁确实提高了贫困人口的经济收入水平和生活质量，迁出区生态环境得到一定程度的缓解。但从整体生态效益而言，城乡之间的生态环境治理存在明显的差异，造成这种差异的原因有很多，最根本的原因是城乡生态环境治理不均衡体制造成城乡生态环境治理结构的“内卷化”。面对生态移民社区城乡生态环境治理政府重视程度不够、市场机制不完善、移民参与不积极等困境，建立政府、市场、社会等主体相互协调的生态共治治理模式，形成规范有序的生态环境治理秩序显得尤为必要。

第一，要发挥政府在生态环境治理中的主体作用。生态环境治理属于公共产品，具有非排他性，生态环境建设事关移民的可持续发展，对提高移民生活质量具有重要意义。政府是承担社会公共事务的主体，对提供生态公共产品责无旁贷。对此，政府应该在以下几个方面发挥生态环境治理中的主体作用。一是树立绿色发展理念。绿色发展是生态文明建设的路径选择，是人们追求美好生活的重要体现。绿色发展理念不但要求转变生产生活方式，更重要的是树立起以生态价值观为核心的思维方式和价值观

念，成为社会发展方式和人们生活习惯的自觉实践；二是突出政府生态环境治理职责。主要包括统筹做好生态功能区规划，协调生态经济产业布局；建立生态补偿机制，加大生态财政支出；加强生态安全治理力度，推动低碳循环发展；健全市场准入机制，促进社会生态共治局面等；三是提升政府生态环境治理执行力。必须坚持党的核心领导地位，发挥党组织在生态环境治理过程中的决策作用。推动生态环境保护法律法规政策落地，依法加大生态环境治理的行政监管和执法力度。建立生态环境治理目标绩效考核体系，提高政策执行效率。

第二，要发挥市场在生态环境治理中的资源配置作用。市场机制能够通过市场的需求与供给变化实现资源的组合与分配，利用好市场机制，可以进一步优化资源配置。就目前生态环境治理来讲，市场配置资源的作用还远远没有发挥出来，这要求政府需要正确处理好与市场之间的关系，深化生态治理领域的改革，激活市场活力，发挥市场在生态环境治理过程中资源配置的优势和作用。一方面，要创造良好的生态资源市场环境。完善生态市场投融资体系，通过多种形式吸引社会资金参与生态资源市场的开发和利用，推进生态产品的技术创新，推动生态产业的协调发展。完善生态服务市场交易体系，促进生态要素的自然流动、生态资源的市场化供给。政府要将一些生态环境治理职能交给市场，逐步扩大购买生态服务产品的比重，提高公共服务的效率和效能。另一方面，强化市场主体承担生态环境治理责任。要求企业生产节能减排，对标“谁污染谁治理”的原则，控制污染物排放总量，实现企业自我监督和约束。加强企业生产经营环境污染立法工作和行政监管，实行立项审批的环保准入制度，建立企业环境信用等级评价，强化企业生态诚信行为，将政府强制治污转化为企业生态自觉。

第三，要发挥社会力量在生态环境治理中的协同作用。生态共同体是建立在多元治理主体基础上的协同治理，就生态共治而言，要构建包含政府、企业、民众以及社会组织在内的多元治理主体的协同治理机制，使生态环境治理走向规范化、组织化的道路，这既是政府应尽之责，也是增强政府职能转变的重要体现。生态环境协同治理机制是以政府为主导，企业、民众和社会组织协同参与的治理机制，是政府主导下的多方社会力量联合行动。这其中政府的主导作用是为协同治理提供有效的制度设计和政策保障，优化社会力量协同参与的治理资源与合作空间，促使生态环境治理由个体行为的乱序、团体行为的无序走向多方联动有序的发展方向。生态环境问题关涉社会中每一个人的生活质量和生命健康，人们是生态环境问题的制造者，每个人都有履行生态环境治理的责任和义务，因此，每个人都应该是生态环境治理的重要成员，是环境保护的自觉战士。多元主体的协同治理要从整体生态效益出发建立分工协作机制，集中优势资源，建构有层次性的协同治理体系。政府应该注重调节不同治理主体的利益关系，避免利益冲突造成的生态资源浪费现象。但需要警惕的是，要规避行使公权力凌驾于个人和组织之上，轻视不同治理主体合理合法的生态诉求和利益维护，从而公平公正地保护不同治理主体的生态权益。总之，发挥社会力量协同参与是生态共治的核心要素，需要不同主体承担生态环境治理的责任和义务，最终实现生态共享红利。

小　结

随着国家治理体系和治理能力现代化的实践，共商、共建、共享的治理理念引导着社区建设，社区治理呈现出总体性转向趋势，社区治理主体呈现出多元化与社会化并重的共治合力。与此同时，以国家治理政策为统领，地方社区治理政策为支撑，国家和地方对社区治理不断地作出制度性安排，将一些公序良俗吸纳到社区治理的正式制度之中，在形成制度认同的基础上培育起社区移民的现代制度意识。社区治理是多元治理主体互动的结果，既依赖于正式制度的治理，也需要非正式制度的嵌入，政府与社区组织、移民个体之间在社区治理过程中相互支持、彼此协同，各自发挥其效能和作用，形成了社区治理的共治局面。

在城乡一体化统筹发展的前提下，城市社区治理与乡村社区治理是共生治理单元，城市的发展与乡村的发展相互依存，城市社区与乡村社区互嵌共生，利用它们之间互嵌共生的关系实现“互嵌共治”的治理路径。为准确把握对“互嵌共治”治理路径的理解，笔者从公正平等的对称性治理理念、开放合作的互惠性治理理路、“五位一体”共生性治理格局三个维度进行了理论性阐释。围绕“五位一体”总体布局，基于城乡共生空间的秩序建构，从政治、经济、文化、社会、生态五个维度建构了生态移民社区共生秩序，即“政治共治、经济互惠、文化共融、社会共建、生态共治”的共生秩序，为打造生态移民社区共同体，为生态移民社区治理实践路径提供理论参照。

结　论

本研究以生态移民社区为个案，综合“自上而下”政策建构主义范式和“自下而上”底层结构主义逻辑的研究思路，通过政府行动“向下看”和移民行动“向上看”的分析，以秩序逻辑为主线、治理逻辑为辅线，分析了生态移民社区不同场域的秩序和治理问题，提出了“互嵌共治”的治理路径，并建构了基于城乡共生空间的“五位一体”共生秩序。通过相关研究，主要结论为：

第一，以治理生态和贫困问题为目的的生态移民项目的国家政策输入改变了村庄原有的秩序结构，引发生态移民社区的秩序变迁。

生态移民是政府主导下的国家治理工程，在国家话语生产中，代表村庄利益的村民自治失去了独立性，地方政府建构的民主决策情境，影响着公共意见的自由讨论空间，村民以人情伦理为处事原则最终以举手表决的一致同意获得了政策目标的初步实现。移民搬迁后，原来维系村庄秩序的传统资源逐渐消退，而新的社区秩序还尚未完全生成，移民社区从稳定的村庄秩序走向变动的社区社会：自给自足的小农经济转向市场供给为主体的场镇经济，发达的商品市场改变了移民的消费结构；社会交往由关系单一、结构相似的同质性转向关系复杂、结构多元的异质性；移民原有的价值取向、价值规范受到利益关系分化的冲击，催生了移民精神家园的流变；新的生产生活方式的变化使移民产生了心理焦虑，生产秩序和生活秩序开始变得紊乱。

第二，原村庄场域的秩序是内生秩序，它与外嵌的行政力量产生抗拒，导致村庄陷入“外嵌内治”的治理困境。

村庄秩序具有二元性，一是行政嵌入；二是村庄内生。在传统少数民族村庄，具有厚重儒家色彩的族内制度里，形成了村庄共同体行为取向的道德规范、血亲纽带、家族权威、均等思想等文化内核，保持着一套固执的生活态度、价值观念和行为方式。当外部力量嵌入村庄秩序中，就会引发村庄传统的自发性抵抗，导致国家规制与乡村秩序的博弈态势，出现村庄权力关系失衡、资源分配失序、经济生产失调的趋势。这些趋势造成了村庄治理“外嵌内治”的困境：一是正式权力非正式运作的困境。正式权力资源受到村庄内部运行规则的影响，正式制度难以在村庄顺利展开，只能运用乡土社会的内生性资源实现治理目标。二是精英俘获的困境。理性经济人的谋利冲动生成了个体结构在关系网络庇护下获取资源的一种机制，通过村庄非正式制度的“乡土规则”实现对资源的占有。三是差别化生产的困境。在政府产业经济结构调整缺位和移民社会资本受限的双重约束下，村庄处于自发的生产秩序状态，移民只能依靠自身仅有的知识、信息、资本等进行差别化生产。

第三，新社区场域的秩序是外生秩序，它与内嵌的村庄传统发生抵牾，导致社区陷入“内嵌外治”的治理困境。

生态移民社区是一个建立在传统村庄秩序基础上的社会空间，移民搬迁并没有消融传统的村庄资源，而是将这些资源移植到新社区场域中，形成了自我服务体系。在现代性思潮的冲击下，村庄资源失去乡土社会根植的土壤，内生性力量式微，制度、规范、组织等多种外生力量逐渐主导社区秩序。作为传统资源，在社区治理中具有两面性：一是一些内生规则被外生规则选择性吸纳，在推进现代化进程中发挥积极作用；二是一些内生规则与外生规则发生矛盾，在嵌入现代化进程中存在负面影响。积极面向的传统资源能够获得有效的社会支持，而消极面向的传统资源则会诱发国家政权组织的改造和重构，使权力秩序、分配秩序、经济秩序等出现失序问题，造成社区治理“内嵌外治”的困境：首先是行政权威与政策变通的困境。上级政府在依靠行政管理体制进行权威控制的同时，又给予地方适度自主权，下级政府利用政策弹性空间的结构性漏洞以及地方具体实践情境实现政策变通。其次是弱者身份的行动困境。为在资源分配中获取各自利益，移民自恃弱者身份与政府进行非暴力性博弈，而政府往往采用“不出事逻辑”进行“消极行政”，将移民的利益平衡停留在应付层面，满足临时性的利益诉求不能从根本上解决深层次的利益纠葛问题。最后是规划现代化困境。绩效导向的眼球效应和强制性改造使政府规划决策逾越合理的边界，单向度价值判断以及简约治理的线性思维使政府采取“一刀切”的简单化处理。

第四，“互嵌共治”模式是解决城乡社区治理失衡的恰当方案。

“互嵌共治”治理路径是将乡村社会（村庄）和城市社会（社区）一起纳入共生治理单元，在公正平等的对称性治理理念下，通过开放合作的互惠性治理路径，实现“五位一体”的共生性治理格局。社区治理既依赖于正式制度的治理，也需要利用非正式制度的嵌入，注重传统资源和现代资源的互补优势，在多元治理主体的互动过程中，合理确定国家与社会的组织边界，相互支持、彼此协同，形成官治与民治的契合。生态移民社区作为还不断生长的新型城乡社区，必须作出相应的结构性调整，以推进国家治理体系和治理能力的现代化发展，在结构性调整中，最关键的是如何将传统的政治、经济、文化、社会、生态等结构性因素，在新的场域空间重新获得合法性并转换成具有现代性导向的治理技术路线，将一些公序良俗吸纳到社区治理的正式制度之中，在形成制度认同的基础上培育起社区移民的现代制度意识。良序离不开良治，共治要以共序为基础，“互嵌共治”需要共生秩序的建构，形成“政治共识、经济互惠、文化共融、社会共建、生态共治”的共生秩序格局，从而构筑起政治、经济、文化、社会、生态为一体的社区共同体，为“互嵌共治”提供良好的治理环境。

追求社会主义现代化是中华民族伟大复兴的百年梦想，没有实现农村的现代化就没有中国的现代化，统筹城乡一体化发展是实现中国现代化的必然选项。D 村生态移民社区的生成既是政策导向的结果，也是现代化发展的趋势，作为正在生长的新型城乡社区，社区秩序不可避免地存在一些问题，在治理过程中可能还会出现各种各样的困难和挑战，但这些问题应理性地去认识、看待和处理，随着国家治理体系和治理能力现代化的提升，生态移民社区的治理必然最终走向理性秩序。

参考文献

中文参考文献

[1]［美］阿尔温·托夫勒．未来的震荡［M］．任小明，译．成都：四川人民出版社，1996.

[2]［印］阿马蒂亚·森．以自由看待发展［M］．任赜，于真，译．北京：中国人民大学出版社，2012.

[3]［美］埃弗里特·M. 罗吉斯，［美］拉伯尔·J. 伯德格．乡村社会变迁［M］．王晓毅，王地宁，译．杭州：浙江人民出版社，1988.

[4]［加］鲍勃·麦克彻，［澳］希拉里·迪克罗．文化旅游与文化遗产管理［M］．朱路平，译．天津：南开大学出版社，2006.

[5] 陈朋．互惠式治理：社区治理的日常运作逻辑［J］．江苏社会科学，2014（05）：97-104.

[6] 陈潭，陆云球．非正式嵌入、蓄水式成长与村庄宗教传输镜像——以皖南H县非正式宗教团体的生存状况为研究个案［J］．南京社会科学，2008（01）：55-64.

[7] 达瓦次仁．藏区生态移民与生产生活转型研究：西藏日喀则市生态移民案例研究报告［M］．北京：社会科学文献出版社，2015.

[8] 戴溥之，吕洁．论城乡社区文化的均衡发展［M］．石家庄：河北人民出版社，2014.

［9］戴庆中．混杂与融合：少数民族生态移民社区文化重建图景研究［J］．贵州社会科学，2013（12）：138-143.

［10］［美］丹尼·乔金森．参与观察法［M］．龙筱红，张小山，译．重庆：重庆大学出版社，2008.

［11］董红．当代中国村民自治问题研究［D］．西北农林科技大学，2012.

［12］杜发春．三江源生态移民研究［M］．北京：中国社会科学出版社，2014.

［13］段成荣．人口迁移研究：原理与方法［M］．重庆：重庆出版社，1998.

［14］费孝通．中国现代化：对城市社区建设的再思考［J］．江苏社会科学，2001（01）：49-52.

［15］费孝通．乡土中国［M］．北京：中信出版社，2019.

［16］封玫，邱国良．城乡社区的共性逻辑与治理路径——基于四类社区的比较研究［J］．江西师范大学学报（哲学社会科学版），2016，49（06）：111-114.

［17］付海鸿．三江源生态移民的文化变迁与身份认同研究：以格尔木昆仑民族文化村为例［M］．北京：中国社会科学出版社，2017.

［18］付少平，赵晓峰．精准扶贫视角下的移民生计空间再塑造研究［J］．南京农业大学学报（社会科学版），2015，15（06）：8-16.

［19］高静，王文棣．宁夏红寺堡生态移民社区建设问题研究［J］．山西农业大学学报（社会科学版），2014，13（03）：277-281.

［20］高小平．实现良好治理的三大基础［J］．中国行政管理，2001（09）：17-21.

［21］［英］格里·斯托克，华夏风．作为理论的治理：五个论点［J］．国际社会科学杂志（中文版），2019，36（03）：23-32.

[22] 葛根高娃，乌云巴图．内蒙古牧区生态移民的概念、问题与对策［J］．内蒙古社会科学（汉文版），2003（2）：118-122.

[23] 郭剑平，施国庆．环境难民还是环境移民——国内外环境移民称谓和定义研究综述［J］．南京社会科学，2010（11）：93-98.

[24] 国家发改委国土开发与地区经济研究所．中国生态移民的起源与发展［R］．2004：7.

[25] 贺雪峰，仝志辉．论村庄社会关联——兼论村庄秩序的社会基础［J］．中国社会科学，2002（03）：124-134.

[26] 贺雪峰．村庄精英与社区记忆：理解村庄性质的二维框架［J］．社会科学辑刊，2000（04）：34-40.

[27] 贺雪峰．小农立场［M］．北京：中国政法大学出版社，2013.

[28] 季中扬，李静．论城乡文化共同体的可能性及其建构路径［J］．学海，2014（6）：37-41.

[29]［德］柯武刚，史漫飞．制度经济学［M］．韩朝华，译．北京：商务印书馆，2000.

[30]［美］科尔曼．社会理论的基础［M］．邓方，译. 北京：社会科学文献出版社，1990.

[31]［美］拉塞尔·柯克．美国秩序的根基［M］．张大军，译．南京：江苏凤凰文艺出版社，2018.

[32] 蓝宇蕴．都市村社共同体——有关农民城市化组织方式与生活方式的个案研究［J］．中国社会科学，2005（02）：144-154.

[33] 李保平．宁夏生态移民社区建设与创新社会管理研究［J］．宁夏师范学院学报，2013，34（02）：117-123.

[34] 李景鹏．中国走向“善治”的路径选择［J］．中国行政管理，2001（09）：15-16.

[35] 李培林，王晓毅．生态移民与发展转型：宁夏移民与扶贫研究

［M］．北京：社会科学文献出版社，2013.

［36］李培林．当前社区研究的三个面向［J］．清华社会学评论，2017（01）：181-183.

［37］李志刚，于涛方，魏立华，等．快速城市化下“转型社区”的社区转型研究［J］．城市发展研究，2007（05）：84-90.

［38］刘涛．情感抗争：表演式抗争的情感框架与道德语法［J］．武汉大学学报（人文科学版），2016，69（05）：102-113.

［39］刘学敏．西北地区生态移民的效果与问题探讨［J］．中国农村经济，2002（4）：47-52.

［40］卢福营．村民自治发展面临的矛盾与问题［J］．天津社会科学，2009（06）：62-67.

［41］鲁建杰，马凯，邰秀军．民族文化、村务协商响应与社区治理——基于宁夏10个生态移民村的调查［J］．甘肃理论学刊，2019（01）：101-109.

［42］陆学艺．走出“城乡分治 一国两策”的困境［J］．读书，2000（05）：3-9.

［43］马从礼．宁夏生态移民安置区社会管理问题研究［D］．宁夏大学，2015.

［44］马伟华．生态移民与文化调适：西北回族地区吊庄移民的社会文化适应研究［M］．北京：民族出版社，2011.

［45］毛丹．村庄的大转型［J］．浙江社会科学，2008（10）：2-13，125.

［46］潘自勉．公民伦理与公共秩序——基于当前政府行政伦理状况的理论思考［J］．道德与文明，2011（02）：118-124.

［47］邱梦华，秦莉，等．城市社区治理［M］．北京：清华大学出版社，2013.

［48］任敏，杨璟．基层政府的多重非正式权力建构——基于湘西A乡三个纠纷调解个案的分析［J］．青年研究，2012（04）：69－81，95-96.

［49］石云霞．马克思社会共同体思想及其发展［J］．中国特色社会主义研究，2016（01）：23-28.

［50］世界环境与发展委员会．我们共同的未来［M］．王之佳，柯金良，等，译．长春：吉林人民出版社，1997.

［51］束锡红．生存与发展：宁夏红寺堡区大河村生态移民经济社会变迁考察［M］．银川：阳光出版社，2014.

［52］孙立平，郭于华．“软硬兼施”——正式权力非正式运作的过程分析——华北B镇订购粮收购的个案研究［A］. 清华社会学评论特辑［M］. 厦门：鹭江出版社，2000.

［53］谭清华．谁之公共性？何谓公共性？［J］．理论探讨，2014（04）：60-64.

［54］［美］托达罗．经济发展与第三世界［M］．印金强，赵荣美，译. 北京：北京经济出版社，1992.

［55］［美］托达罗．第三世界的经济发展（上）［M］. 于同申，等，译．北京：中国人民大学出版社，1988.

［56］王伯承．西南民族地区生态移民的社区规划、服务与治理［J］. 贵州民族研究，2018，39（03）：41-45.

［57］王富伟．个案研究的意义和限度——基于知识的增长［J］．社会学研究，2012，27（05）：161-183.

［58］王金红，黄振辉．中国弱势群体的悲情抗争及其理论解释——以农民集体下跪事件为重点的实证分析［J］．中山大学学报（社会科学版），2012，52（01）：152-164.

［59］王培安．流动人口理论与政策综述报告［M］．北京：中国人口

出版社，2010.

［60］王诗宗．治理理论及其中国适用性［D］．浙江大学，2009.

［61］王锡锌．利益组织化、公众参与和个体权利保障［J］．东方法学，2008（04）：24-44.

［62］王晓毅．生态移民：一个复杂的故事——读谢元媛《生态移民政策与地方政府实践》［J］．开放时代，2011（2）：154-158.

［63］王永平，等．生态移民与少数民族传统生产生活的转型研究：基于贵州世居少数民族生态移民的调研［M］．北京：科学出版社，2014.

［64］韦仁忠．高原城市的陌生人：三江源生态移民的文化调适和社会资本重建［M］．北京：中国社会科学出版社，2016.

［65］魏向前．论生态移民社区社会管理创新面临的困境及出路［J］．湖北行政学院学报，2014（04）：36-39.

［66］乌静．牧区生态移民的生活变迁研究［M］．北京：中国政法大学出版社，2018.

［67］吴忠民．规划性与中国的现代化［J］．马克思主义与现实，2019（03）：167-176.

［68］［美］西奥多·W. 舒尔茨．论人力资本投资［M］．吴珠华，等，译. 北京：北京经济学院出版社，1990.

［69］谢元媛．生态移民政策与地方政府实践：以敖鲁古雅鄂温克生态移民为例［M］．北京：北京大学出版社，2010.

［70］新吉乐图．生态移民：来自中、日两国学者对中国生态环境的考察［M］．呼和浩特：内蒙古大学出版社，2005.

［71］邢成举．精英俘获：扶贫资源分配的乡村叙事［M］．北京：社会科学文献出版社，2017.

［72］X 县志办．X 县志（1988）［M］．贵阳：大中印刷厂，1988.

［73］荀丽丽．“绿色”的权威及其实践——内蒙古一个生态移民村

的社区透视［D］．中央民族大学，2006.

［74］荀丽丽．“失序”的自然——一个草原社区的生态、权力与道德［D］．中央民族大学，2009.

［75］［美］亚当·普沃斯基．民主与市场——东欧与拉丁美洲的政治经济改革［M］．北京：北京大学出版社，2005.

［76］杨桂兰．生态移民社区治理的“内卷化”及路径选择［J］．农村经济与科技，2017，28（16）：192-195.

［77］杨君，徐选国，徐永祥．迈向服务型社区治理：整体性治理与社会再组织化［J］．中国农业大学学报（社会科学版），2015，32（03）：95-105.

［78］杨善华．当代西方社会学理论［M］．北京：北京大学出版社，1999.

［79］杨未．构建少数民族生态移民社区的“杂糅空间”［J］．贵州社会科学，2015（04）：74-78.

［80］俞可平，王颖．公民社会的兴起与政府善治［J］．中国改革，2001（06）：40-41.

［81］俞可平．治理与善治分析的比较优势［J］．中国行政管理，2001（09）：15-17.

［82］俞可平．论国家治理现代化［M］．北京：中国社会科学出版社，2014.

［83］俞可平．治理与善治［M］．北京：社会科学文献出版社，2000.

［84］袁纯清．共生理论及其对小型经济的应用研究（上）［J］．改革，1998（02）：100-104.

［85］［美］詹姆斯·C. 斯科特．弱者的武器［M］．郑广怀，等，译．北京：译林出版社，2011.

［86］［美］詹姆斯·N. 罗西瑙．没有政府的治理［M］．张胜军，

等，译．南昌：江西人民出版社，2001.

［87］张建军．塔里木河流域维吾尔族生态移民生产生活方式的转型研究［M］．乌鲁木齐：新疆生产建设兵团出版社，2015.

［88］张梦中，马克·霍哲．案例研究方法论［J］．中国行政管理，2002（01）：43-46.

［89］张雪霖．名义社区与实质社区：社区的本质与分类——基于土地产权性质与城市公共服务供给机制的二维视角［J］．华中农业大学学报（社会科学版），2019（03）：24-31.

［90］张艳国，聂平平．社区管理［M］．武汉：武汉大学出版社，2013.

［91］折晓叶，陈婴婴．超级村庄的基本特征及“中间”形态［J］．社会学研究，1997（06）：37-45.

［92］周晨虹．城乡一体化进程中的“过渡型社区”研究［J］．济南大学学报（社会科学版），2011，21（01）：8-13.

［93］周晨虹．社区管理学[M]．武汉：华中科技大学出版社，2018.

［94］周大鸣，高崇．城乡结合部社区的研究——广州南景村50年的变迁［J］．社会学研究，2001（04）：99-108.

［95］周雪光．基层政府间的“共谋现象”——一个政府行为的制度逻辑［J］．开放时代，2009（12）：40-55.

［96］庄锋．试论社会转型加速期的利益分化与政治整合［J］．当代世界与社会主义，2004（02）：21-26.

英文参考文献

［1］Aniruddha Dasgupta, Victoria A. Beard. Community Driven Development, Collective Action and Elite Capture in Indonesia［J］. Development and Change, 2007（2）.

[2] Antlov H. Village Government and Rural Development in Indonesia: The New Democratic Framework [J]. Bulletin of Indonesian Economic Studies, 2003 (2) .

[3] Derek R. Bell. Environmental Refugees: What Rights? Which Duties, Netherlands: Kluwer Academic Publishers, 2004.

[4] Essam El-Hinnawi. Environment Refugees, Nairoi, Kenya: United Nations Environment Programme, 1985.

[5] Henry Chandler Cowles, The Ecological Relations of the Vegetation of the Sand Dunes of Lake Michigan, Botanical Gazette, Vol. 27, No. 2, 1899.

[6] International Organization for Migration, Discussion Note: Migration and the Environment. November 2007, http://www.iom.int/jahia/webdav/shared/shared/mainsite/about_ iom/en/council/94/MC_ INF_ 288. pdf.

[7] International Organization for Migration, Discussion Note: Migration and the Environment. November 2007, http://www.iom.int/jahia/webdav/shared/shared/mainsite/about_ iom/en/council/94/MC_ INF_ 288. pdf.

[8] Jalan J, Ravallion M. Spatial Poverty Traps [R]. The World Bank Policy Research Working Paper, 1997: 1862.

[9] Justin Lyle, Resettlement of Ecological Migrants in Georgia: Recent Developments and Trends in Policy, Implementation, and Perceptions. Flensburg: The European Centre for Minority Issues (ECMI) Working Paper, No. 53, 2012; Kai Schmidt-Soltau, Conservation-Related Related Resettlement in Central Africa: Environmental and Social Risks. Development and Change, Vol. 34, No. 3, 2003; Du Fachun, Grain for Green and Poverty Alleviation: The Policy and Practice of Ecological Migration in China. Horizons Policy Research Initiative Canada. Vol. 9, No. 2, 2006.

[10] Lonergan, The role of the environmental degradation in populationdis-

placement. Environmental Change and Security Project Report; 1998, 41, Spring: 5- 15.

[11] McGregor, Are there environmental refugees? Refugee Participation-Network (RPN); 1995, 18: 7- 9.

[12] Schultz A. Collected papers Ⅱ: studies in social theory. Hague: MartinusNijhoff, 1976.

[13] Schultz A. The phenomenology of the social world. Northwestern University Press, 1967.

[14] Scott, James C. Domination and the Arts of Resistance. Yale University Press. 1992.

[15] Swain A. Environmental Migration and Conflict Dynamics: Focuson Developing Regions. Third World Quarterly, 1996, 117: 959- 973.

附　录

附录 1：工作访谈原始笔记（部分）

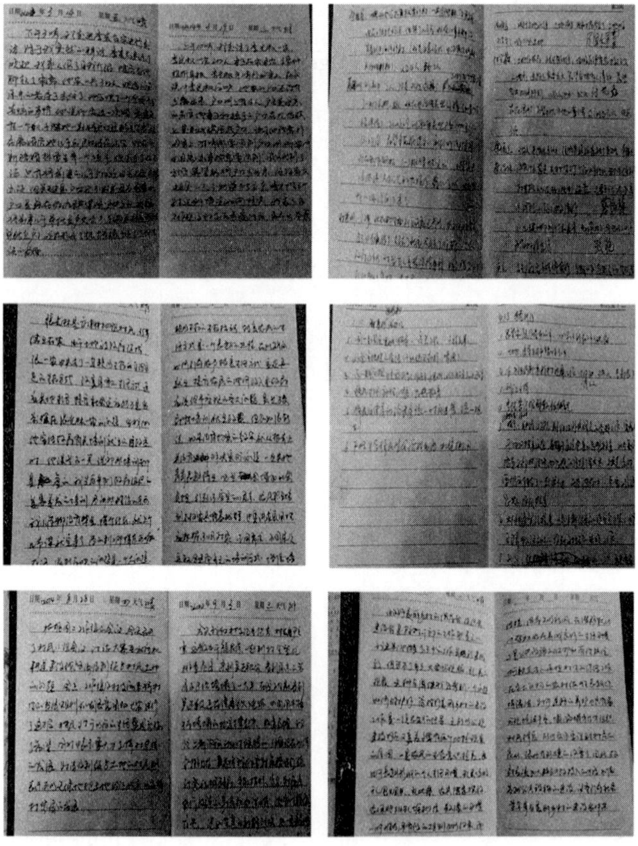

附录2：回访调查移民访谈提纲

1. 您还记得我吗？您今年多大年纪？

2. 现在家里有几口人呀？都住在新村吗？

3. 您家的户口转了吗？现在是居民户口还是农业户口？

4. 您的房子是统建房还是自建房？家里人够住吗？

5. 您觉得搬迁后最大的变化是什么？

6. 您现在生活适应了吗？您觉得还有哪些不习惯？

7. 您和周边居民的关系处得如何？平时会互相帮忙吗？

8. 现在族内的活动还经常开展吗？今年的仡佬年你们是怎么过的？

9. 家庭主要经济来源靠什么？每个月收入情况如何？

10. 与老家相比多出来哪些消费？平均每个月要支出多少？

11. 您去村委会办过事吗？您觉得和原来的服务有没有发生实质性变化？

12. 村委会走访家庭情况多不多？一些政策、通知是怎么向你们传达的？

13. 一般有哪些事情会召集大家开会？怎么表决的？能说说您的看法吗？

14. 原来的村规民约到社区后还管用吗？有没有重新修订过？

15. 村里还有哪些集体资产？你们现在还能享受到村集体的福利吗？

16. 田地现在是怎么处理的？荒弃，自己耕，还是承包出去？

17. 您信教吗？可以讲讲教派之间发生的一些事情吗？

18. 社区有没有组织开展一些活动？有希望组织开展哪些活动？

19. 如果家庭有矛盾是找原来的族佬解决，还是找社区的村委会调解？

20. 发生邻里冲突是通过村委会处理，还是直接报警？

21. 您关心社区的公共事务吗？您愿意参与社区管理吗？

22. 如果社区的一些问题需要反映，您是先反映给村委会，还是直接反映给政府？

23. 您以前参加过静坐或上访没有？能谈谈您的想法吗？

24. 现在来这里旅游的人多不多？您有没有从中获益？情况如何？

25. 您怎么看待政府的这个规划？您希望政府怎么做？

附录 3：回访调查政府工作人员访谈提纲

1. 您目前工作压力大不大？

2. 您现在主要负责社区哪些方面的工作？

3. 移民对您的工作支持吗？

4. 您觉得现在工作中最大的困难是什么？

5. 专门针对移民社区制定了哪些规章制度？

6. 社区现在有哪些组织？这些组织与社区互动情况如何？

7. 有具体文件对村委会和社区基层党组织的职责范围作明确的分工吗？

8. 移民对换届选举的参与度如何？外出务工移民怎样行使表决权？

9. 社区组织活动有经费支持吗？经费来自哪里？

10. 目前对迁出区有详细的产业规划吗？是怎么规划的？

11. 您对当初将移民新区规划为旅游景点有什么想法？

12. 上级政府现在对移民社区的后续建设有经费保障吗？

13. 针对移民发展，政府新出台了哪些政策或措施？

14. 现在企业安置移民就业的情况如何？

15. 近两年移民的矛盾纠纷多不多？一般通过哪些方式解决？

16. 如果移民有事找到您，通常您是怎么处理的？

17. 您对移民的民俗活动有哪些看法？您认为应该怎么规范？

18. 新成立的宗教组织都登记了吗？宗教团体现在是怎么进行管理的？

19. 现在存在“两头”治理，您花费的精力在 D 村和社区之间哪里多一些？

20. 总体而言，您觉得移民社区的治理情况如何？您认为还应该怎么做？

附录4：文中涉及主要人物基本情况

序号	姓名	性别	年龄（岁）	身份
1	CPN	男	48	副县长
2	CW	男	37	移民
3	DCF	男	51	移民
4	DCF	女	42	移民
5	DCH	女	68	移民
6	DDL	男	48	移民
7	DF	男	51	村民委员会主任
8	DG	男	42	移民
9	DGL	女	56	移民
10	DJ	男	40	移民
11	DLC	男	40	移民
12	DP	男	44	移民
13	DPF	男	63	移民
14	DSM	女	32	移民
15	DXS	男	56	移民
16	DZX	男	38	移民
17	DZZ	女	70	移民
18	FYX	男	42	镇派出所所长
19	GTP	女	45	县财政局副局长
20	HMW	男	34	移民

续表

序号	姓名	性别	年龄（岁）	身份
21	HXL	男	37	移民
22	HZ	男	45	镇长
23	LCQ	女	44	移民
24	LDG	男	54	村党支部书记
25	LHL	女	53	移民
26	LHR	男	47	移民
27	LJ	男	47	副镇长
28	LK	男	50	移民
29	LLN	男	42	移民
30	LTT	男	46	移民
31	LX	男	42	镇商会股东
32	RJ	男	55	移民
33	WCH	男	50	镇党委书记
34	WTL	男	41	镇商会股东
35	ZBL	男	67	移民
36	ZDH	男	40	移民